РЕВОЛЬТ ПИМЕНОВ

стихи

рисунки Евгении Дриго

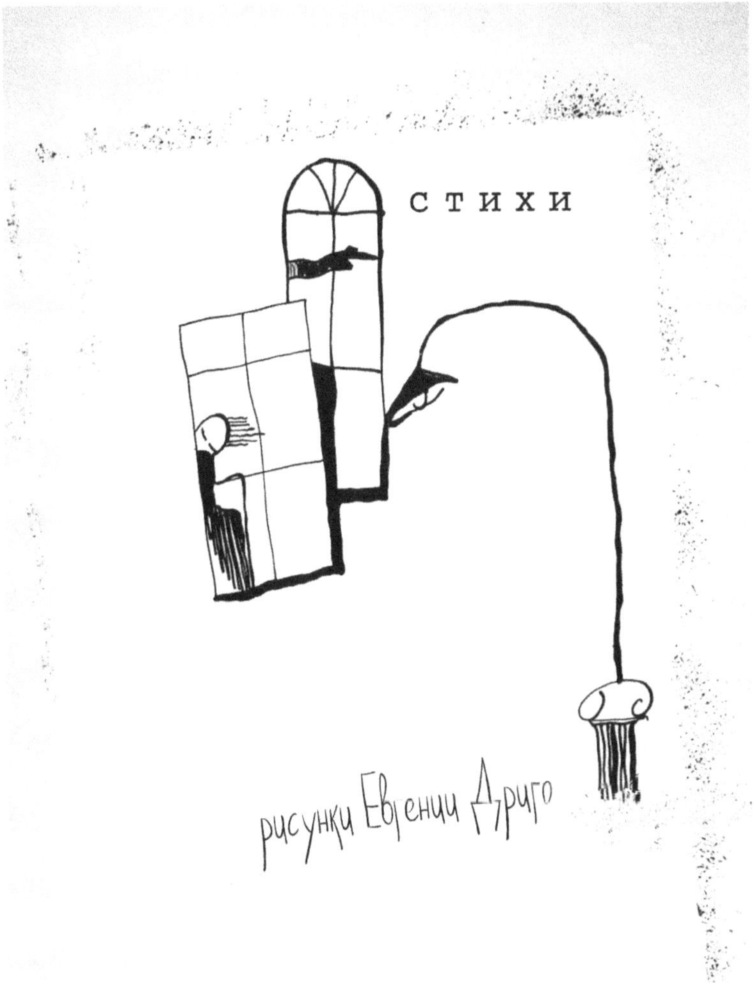

В Белом свете

Револьт Пименов, стихи

В белом свете

Художник – Евгения Дриго

Второе дополненное издание

Оглавление:

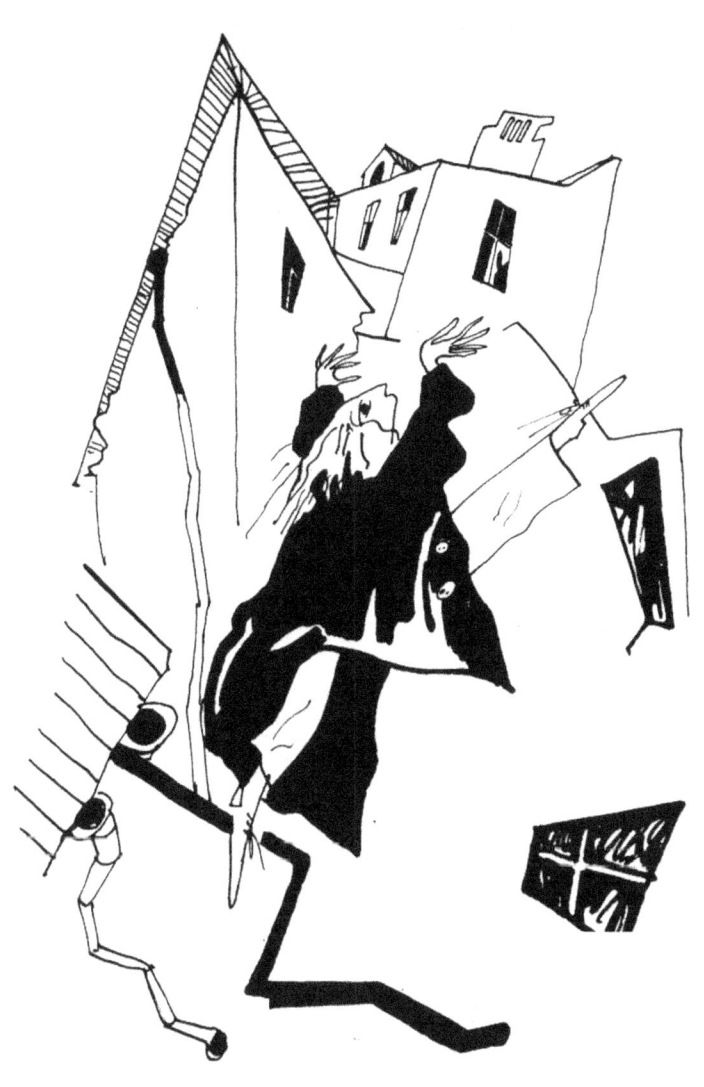

ВЗЛЕТ

Речь солнечных лучей.

Наш путь и прям и прост,
Как мост через Неву,
Как искренний вопрос,
Как яхта на плаву.

Мы - не слепому трость,
Не - кинофильм "Мечта"
И - не земная ось,
Не лживые уста.

Создавшие года,
Не знаем календарь,
И не найдешь следа,
Как ты рукой ни шарь.

Неуловимы как
Блеск дорогих очей,
Мы посланы во мрак
До завершенья дней.

....
Всю ночь качался надо мной
Изменчивый фонарь,
И тень качалась, и стеной
Казалось, он качал.

Все этой ночью не во сне.
Чуть падал редкий снег,
От фонаря, казалось мне,
Снежинок медлил бег.

Фонарь мой, сталкер мой,
Куда, куда идти ?
Ты спой, товарищ жестяной,
О том, что впереди.

Пой, жестяной фонарь
Под жестяной Луной,
Пой полная Луна,
И полночь пой Луной.

И он глядел, и я глядел,
Не отрывая глаз,
Фонарь горел, белел и пел
Про нас, про нас.

Я замирал, я замечал,
Что думаю о том,
Когда без времени летал
В пространстве мировом.

Я мало знаю, мало видел,
Не понимаю, почему
Находят звездные обиды
Дороги сердцу моему.

Проснулось Солнце. Все - всегда.
Вам грустно? Перестаньте:
Переливают крошки льда
Осколками бриллиантов.

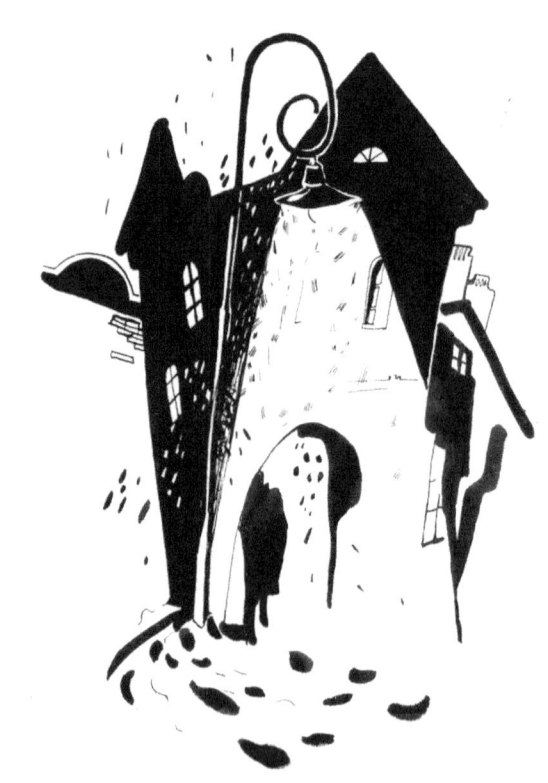

Режиссер.

То, что я вижу, зовется светом
Или тюрьмою? Друг, расскажи,
Если ты знаешь хоть малость об этом
Свойстве безумно упорной души.

Но адресую слова я кому?
Если себе, то тогда непонятно...
Впрочем, усталому, злому уму
Всюду мерещатся темные пятна.

Долгий ремонт.Штукатурка намокла.
Падают вниз и свисают куски.
Не разглядеть в непромытые стекла.
Ветви сирени всегда далеки.

Вы не прощайте бессмысленность речи,
Все повороты отрывочных фраз,
Если умру, сэкономите свечи -
Два огонька стеариновых глаз!

Я увлекаюсь за памятью - болью:
Вместе идем вдоль широкой реки,
Трудно ужиться с навязанной ролью,
А режиссура все клеит куски.

Дубль тридцать пятый. Быстрее, быстрей!
Это на флейте сыграть не удастся.
Можешь - не можешь, вконец ошалей:
Лента стрекочет и надо смеяться.

Надо смеяться. Законы кино
Предполагают диктат режиссера.
Кто он? Хочу разглядеть я давно
Автора этого вязкого вздора

Где ни ума, ни души, ни...
Лента стрекочет, как мне надоело.
Друг, оглянись на секунду, взгляни!
Помни, на кадре ты должен быть слева!

....
Странно крута колея.
Это - моя дорога,
Может, свернуть немного:
Буду уже не я.

Рядом двухвостые змеи,
Рядом бизоны и тигры,
Страшны звериные игры,
Я в них играть не умею.

Может мне стать цветком:
Розою или фиалкой,
Но мне Свободу жалко,
Слишком я с ней знаком.

Песенка огня.
Запятые - отбросьте,
И вопросы - уймись!
Я волшебною тростью
Обозначил карниз.

Где пройду, там пожары,
А где нет, там беда,
Заползают кошмары,
И растет лебеда.

Так парю я в эфире,
Не решаясь ступить,
И не нужен я в мире,
Ведь огонь нельзя пить.

.....

Мне гностик подарил
Отрывочные фразы
О том, что луч зари
Доходит к нам не сразу,
А прежде перемешан
С холодной темнотой,
Так в каждом ангел с лешим
Завязаны судьбой.

Но есть совсем другие,
Ищи их и держись:
Как истина простые
И сложные, как жизнь.
Они собой связали
Нам завтра и вчера
И ночью согревали
Нас языком костра.

Придет когда-то пламя,
Всю Землю истребя,
Но живы те, кто сами
Нашли самих себя.
Еще мне прошептал,
Поверх, поверх голов -
"земля это причал,
Безумных слов и снов".

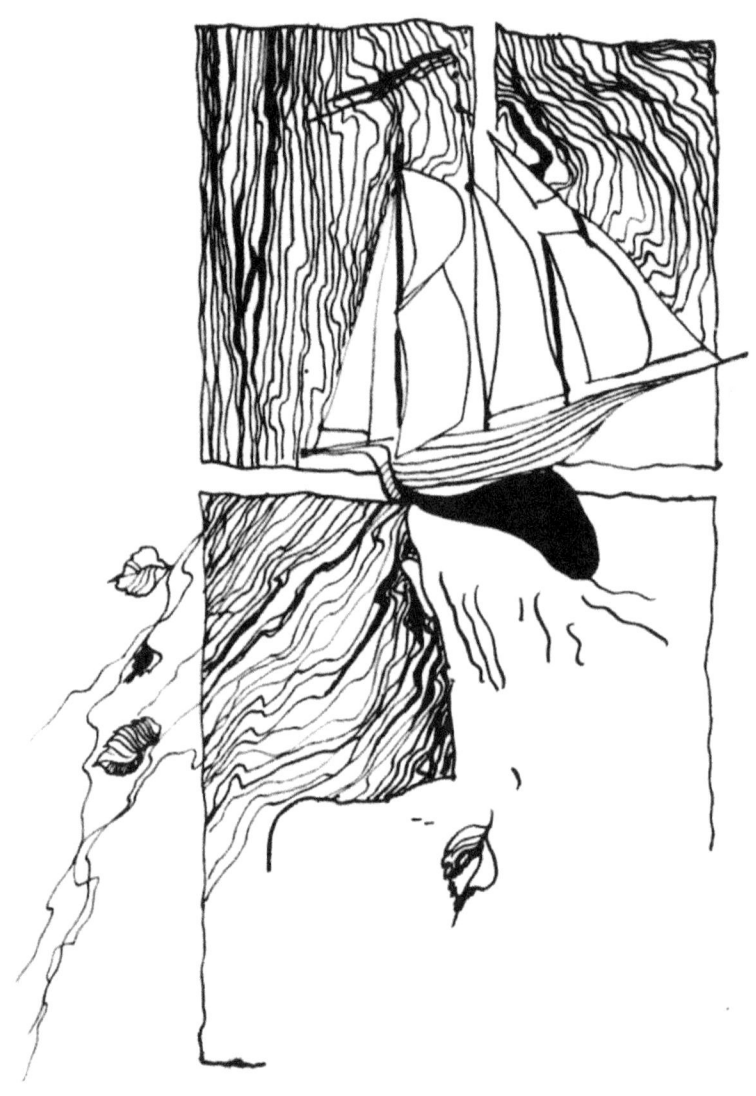

Колумб.

1.

Есть за краем край,
За горой гора,
Ну а там - гадай
Что: стена, дыра?

Говорят утес,
И на трех китах,
Но один матрос
И один монах,

И движенье звезд
В воспаленных снах.

2.

Сухая пыль
В серой степи,
Только ковыль
Шепчет: терпи
Жди каравелл
Борта дугой,
Ветер шумит,
Парус тугой,
Синей волны,
Свежего дня,
В море вольны.
Будет земля,
Твоя земля!

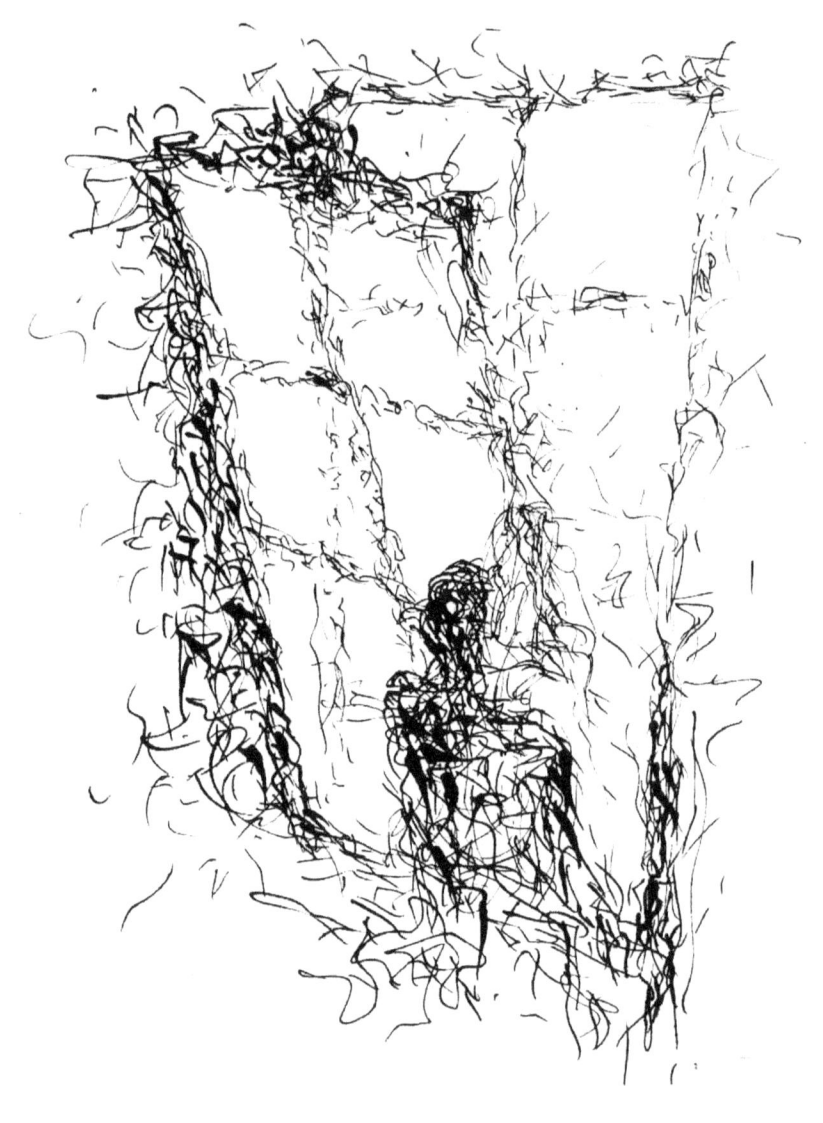

МЕРЦАНИЕ

.....
Молчали безумные речи,
Мерцали вчерашние свечи.

Апостолом бывший поник,
И мало ответов из книг.

Лишь Солнце и Солнце в окне
Да тени на бледной стене.

.....
Всю ночь шепчу слова молитвы.
Я невозможного прошу,
Цвета божественной палитры
Хочу найти карандашу.

Рисую день былого боя,
Когда нет будущего дня
Прошедшее не успокоит,
А только обожжет меня.

Шумят шаги, скрипит бумага,
Я сам не понимаю как,
Но тайный луч из груды мрака
Мне подает священный знак.

.....
Рощу, дом, холмы, овраги
Я сегодня нарисую,
Но старания впустую:
Не хватает мне бумаги.

В песне утренней зари
Я поймаю вдохновенье,
Не хватает мне мгновенья
На усилия мои.

Я мелодию играю
На расстроенном рояле
И случайно умираю
В замершем концертном зале.

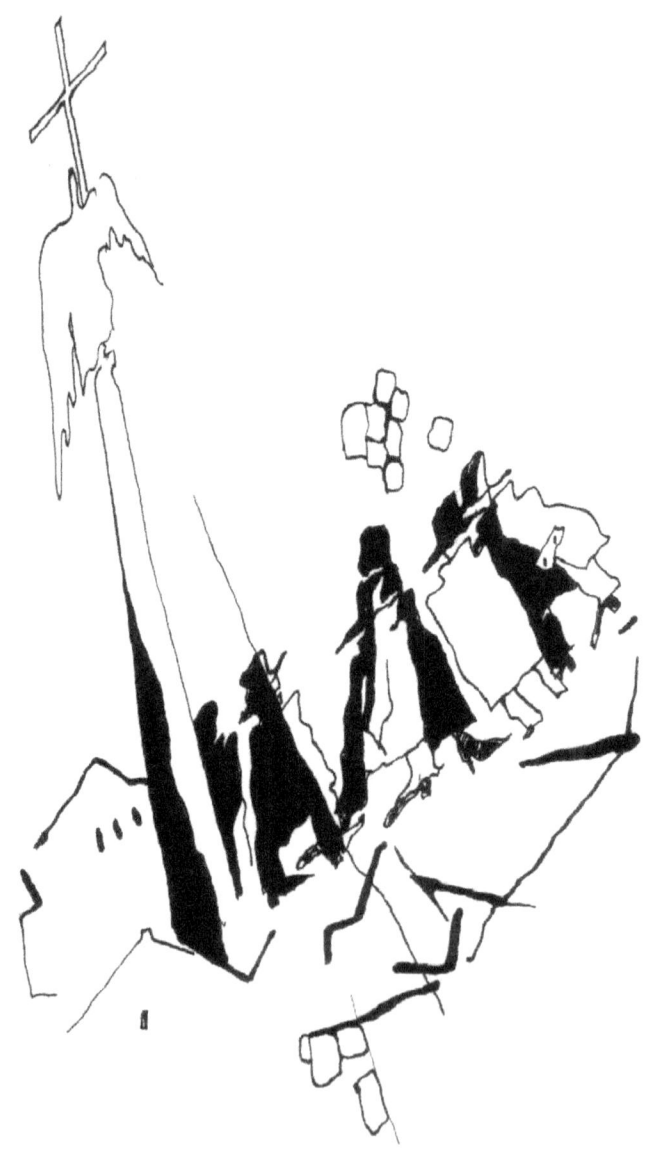

Просьба осужденного.

За души грешников молись
И не забудь меня, прошу я,
Когда все нити порвались,
И станет грязным чистый лист,
Лишь не забудь меня, прошу я.

Когда осенний ветра вой
Пророчит долгую тюрьму,
Где безымянный часовой
Моей играет головой,
Скажи мне только, - "Бог с тобой."
А остальное - я пойму.

.....

То был ужасный день,
Все знали правду
И оттого молчали,
Песни бардов
Унылую бренчали дрсбедень.

За шторами цветными
Шаги случайные
Прохожих бешенно
Стучали в наши нервы
Все в новом свете виделись иными,
А день был не последний и не первый.

Включили телевизор.
Заорало.
Боярский пел.
Не стало веселей.

Разбили зеркало,
И что-то там упало,
И странные шаги
подле дверей.

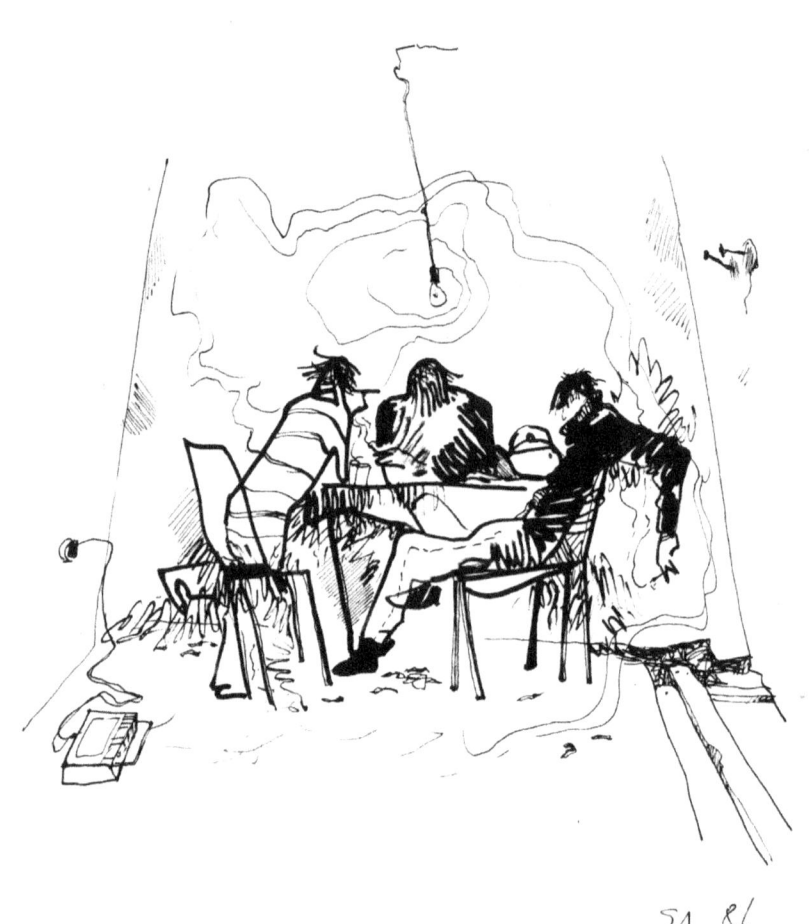

....

Остались мы живущими одни,
Шагаем посреди немых развалин,
К чему-то пережили наши дни,
Не знал я раньше, сколь Адам печален.

Навстречу шумная в кунсткамеру толпа,
Нетерпеливая, бурлит в музей
И ворожит с Александрийского столпа
Тяжелый ангел каменных людей.

Прошла мелодия, рассыпалась тоска,
Безумен тополь, ядовита зелень,
Осталось всего несколько мгновений
И вспять пойдет великая река.

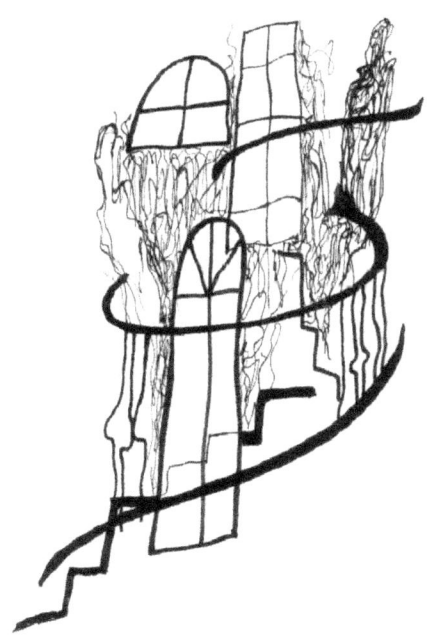

....
Как все серо. И сон
Рождает боль.
За ужином давился ветчиною.
Но на сегодня ты меня уволь,
На этот раз ты не пойдешь со мною.
Но снова звуки неотвязных песен,
В руках бумага и перо жар-птицы,
И возражений голос неуместен,
И ворох недописанных петиций:
На том стою и не могу иначе.
Я не стою, я просто не могу
Веселым быть, когда богиня плачет.

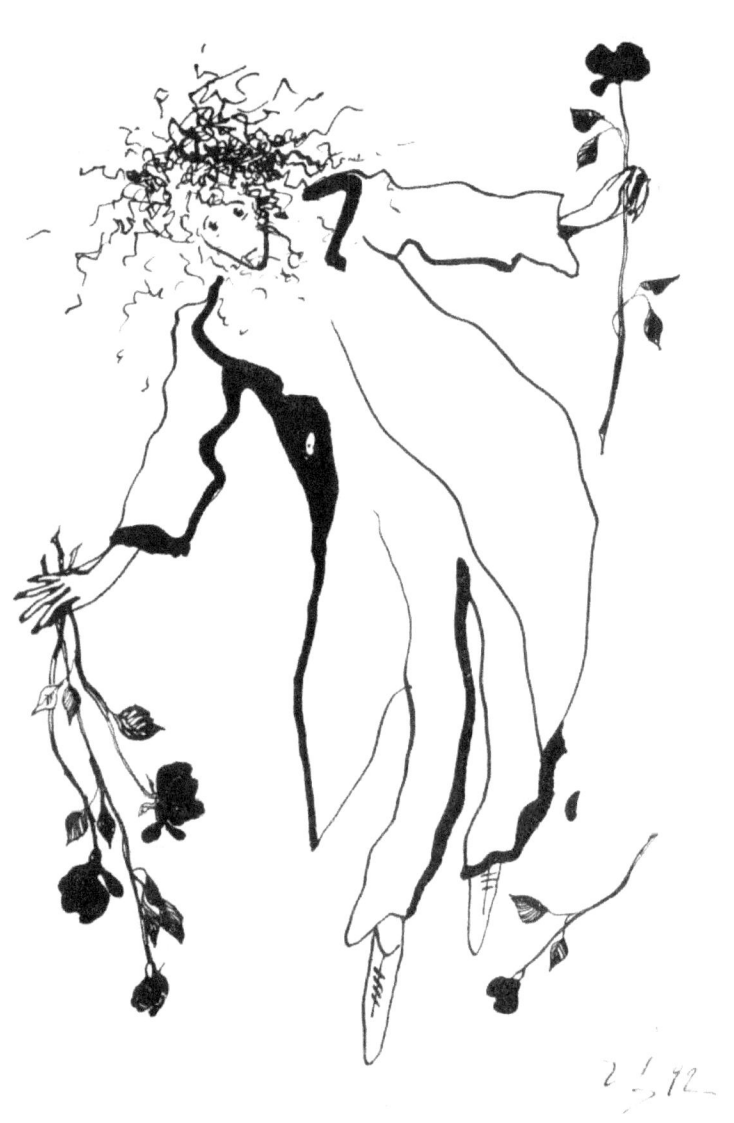

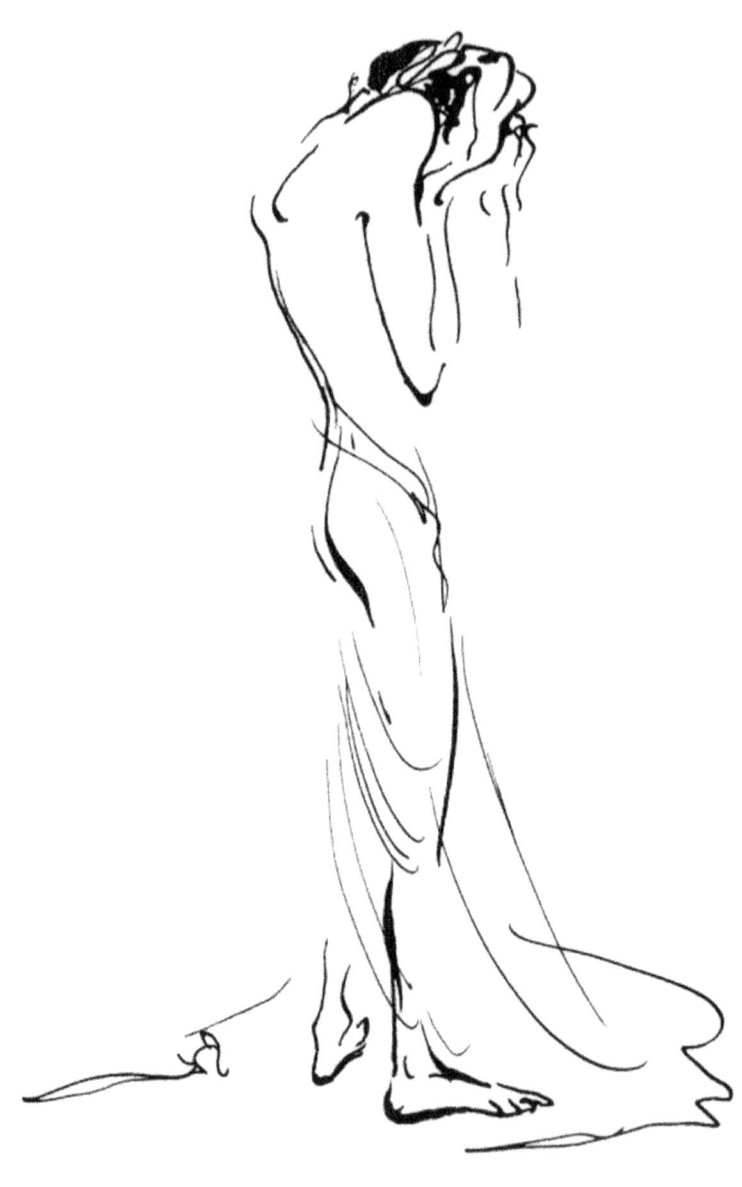

БОРЬБА

...
Лежит мой Окуджава
На столике ночном,
Великая держава
Сегодня не причем.

Не ходят оккупанты.
Я снова человек,
Друзья не арестанты
И не на месте бег.

И музыка все таже
Играет до утра,
Он многое расскажет,
А мне идти пора.

.....
Когда обыденного блеска
Нас мишура не ворожит,
Мы говорить хотим так резко,
И мощных мыслей строй бежит.

Когда в ночном уединенье
Мы вспоминаем день пустой,
То слышим голос обличенья
Надежды вечной и святой.

Желая чем-то оправдаться,
Мы улетаем в небеса,
Во имя вольности и братства
Творим ночные чудеса.

Но пробуждение жестоко
О землю ударяет нас,
И свет вечернего пророка
В лучах обыденных погас.

......
О раб ленивый и лукавый,
Зарывший в землю свой талант,
Искал всемирной, вечной славы,
А получил на шею бант.

С какой готовностью оставил
Надежды дерзкие свои,
Свою любовь ты не прославил,
И не достоин ты любви!

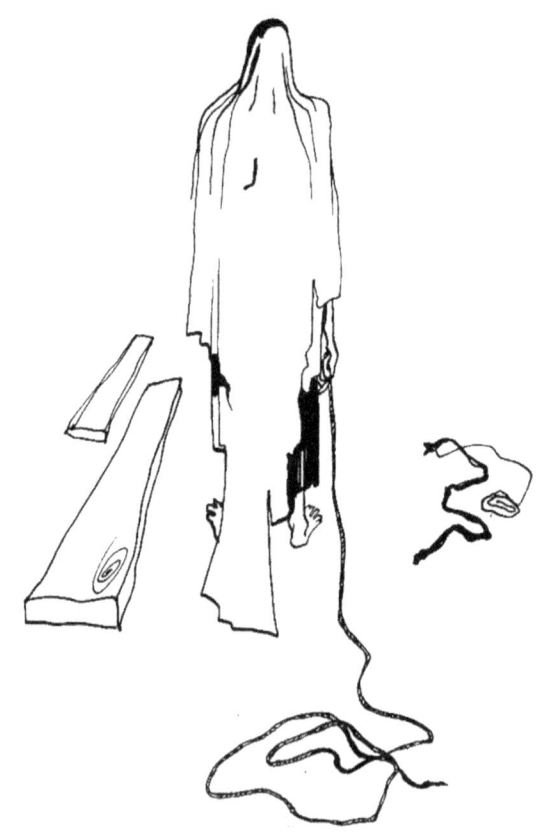

.....
Вспоминается надежда
Поутру, поутру,
Не могу быть больше между,
Дайте слезы я сотру.

И я вижу, как святая
И лазурно-огневая,
Все столетья молодая
Ты стоишь у двери Рая.

Но туда еще нет входа,
Надо всех благословить,
И спускается Свобода,
Чтобы нас с тобой убить.
.....
Он сидит и тихо дышет,
У него в руке перо,
Но он ничего не пишет,
Слишком на душе серо.

Кто искал, но утомился,
И уже нет сил идти.
Кто назад пе возвратился,
Но и нет вперед пути.

Кто не предал, но оставил,
Сдержав слезы, глядит вслед,
Я молю, чтоб Бог отставил
От него семь грозных бед.

Я молю, чтобы мечтанье
Пробудилось снова в нем,
Нежное воспоминанье
Вспыхло яростным огнем.

И его с любовью примут
Те, кому он вслед глядел,
И печали их не минут,
Но рыдать не их удел.

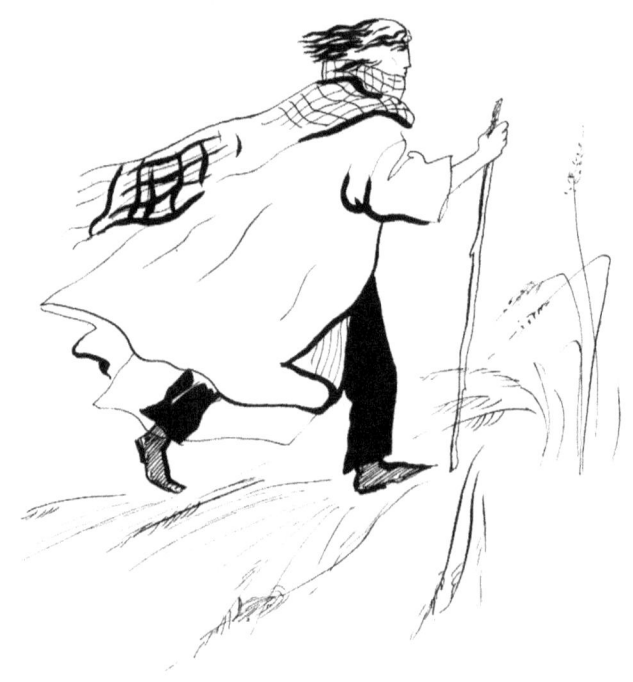

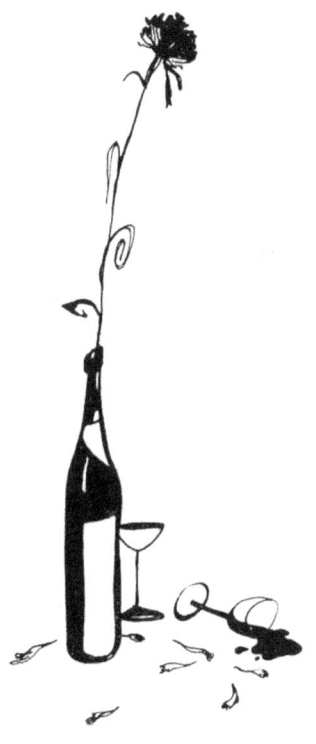

ГВОЗДИКА

.....
Ночь. Зима. Взгляд
Устремляется на
Непогасающий ряд:
Четыре желтых окна.

Если я пустоту,
Что от моей стены
До их жилья, пройду,
Будут тогда видны

В свете дешевых люстр,
Там за крестом окна:
Облако новых чувств
Вечернего полотна.

Стены и потолок,
Белая штукатурка,
Стаканы, тяжелый рок,
Нет мебели. Есть окурки.

Лампочка даже без
Подобия абажура,
Гитара, большой интерес
К темам, закрытым цензурой.

Так же к прическе дикой,
К женщине, что в руке
Держит – откуда? - гвоздику,
Взгляд ее вдалеке.

На лицах такие маски
Будто бы тот, кто здесь
Во всем потерпел фиаско,
Но не забыл, что есть,

Хотя и глубоко скрыты,
И, может быть, станут концом,
Отличные от общепита
И хлеб, и вино, и соль.

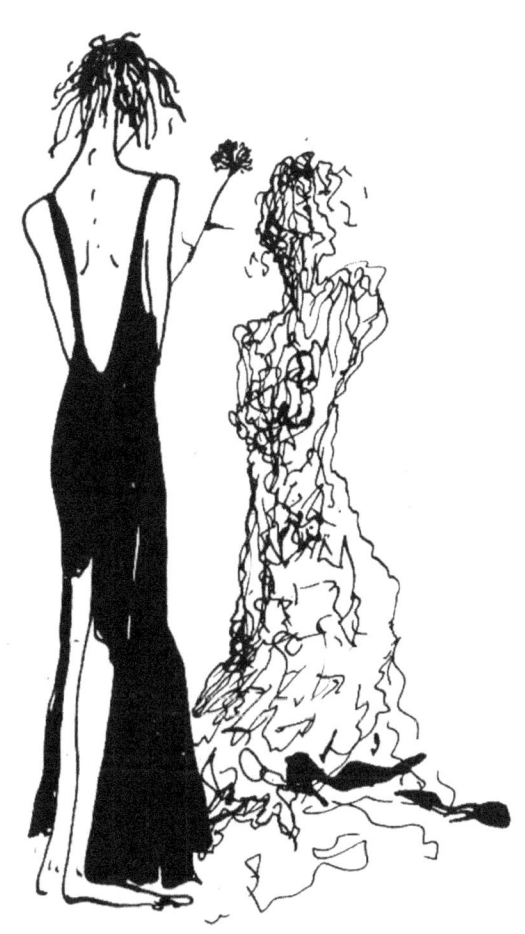

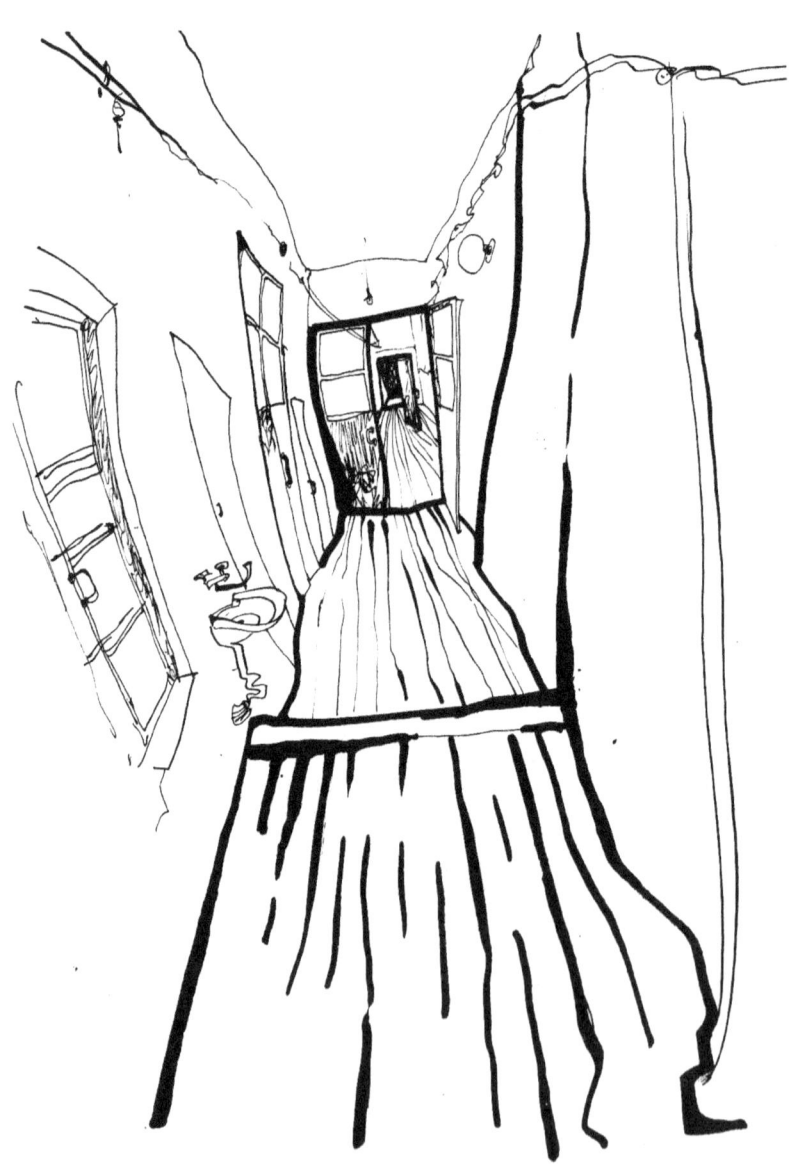

Где-то...

Где-то стоит корабль:
Нет для него ветров.
Где-то идет гора,
Услышав молитвослов.

Где-то в парадной темной
Блуждают слова разлук
И порознь идут в огромный
Город на новый круг.

Где-то всегда сады
И голубая вода,
Где-то не ждут беды...
То, что будет всегда

Свет отдаленных звезд
Знает всего верней,
Но их язык не прост
Для современных ушей.

.....
Окаянная река,
Как финальная глава
Из тяжелого романа.

Называется Нева.
Скрыта завесой тумана
Ее влажная рука.

Но всему неумолимо
Предрекает она ход,
Склеив тонкой паутиной

Из потоков мутных вод,
И бессильной пантомимой

Город скорченный живет.

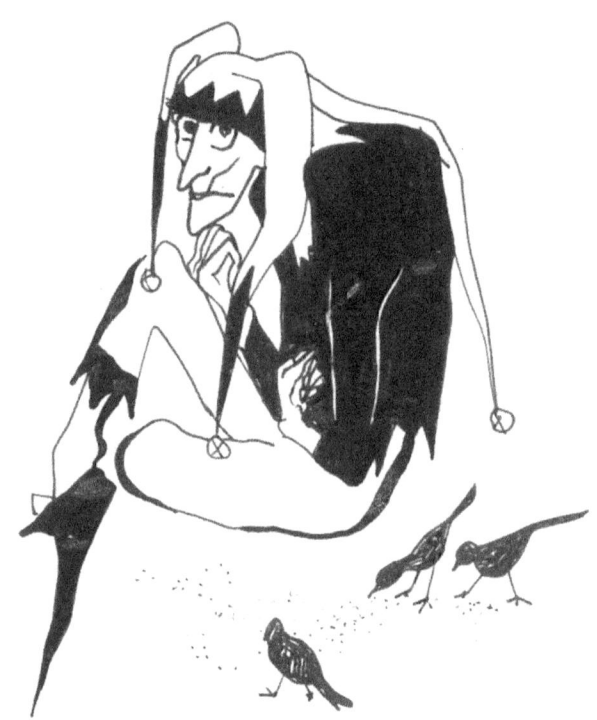

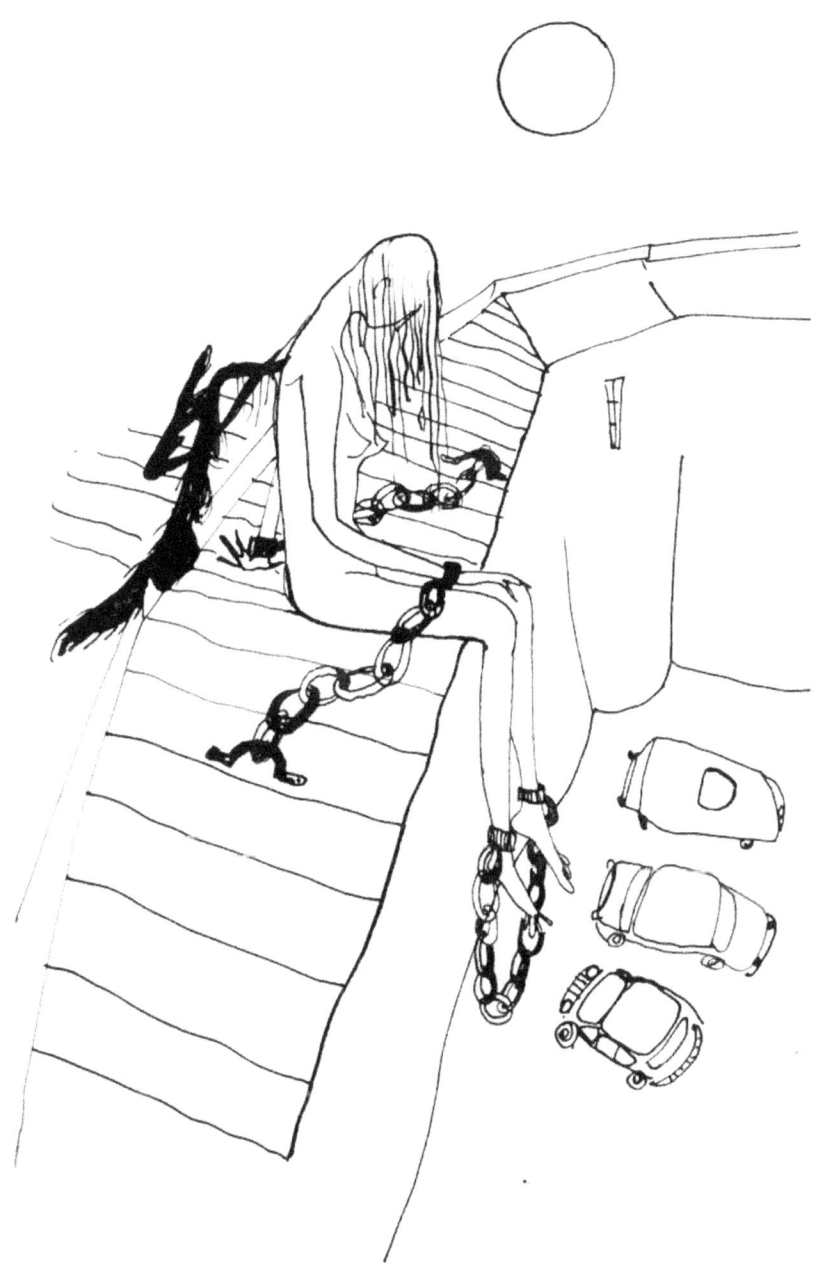

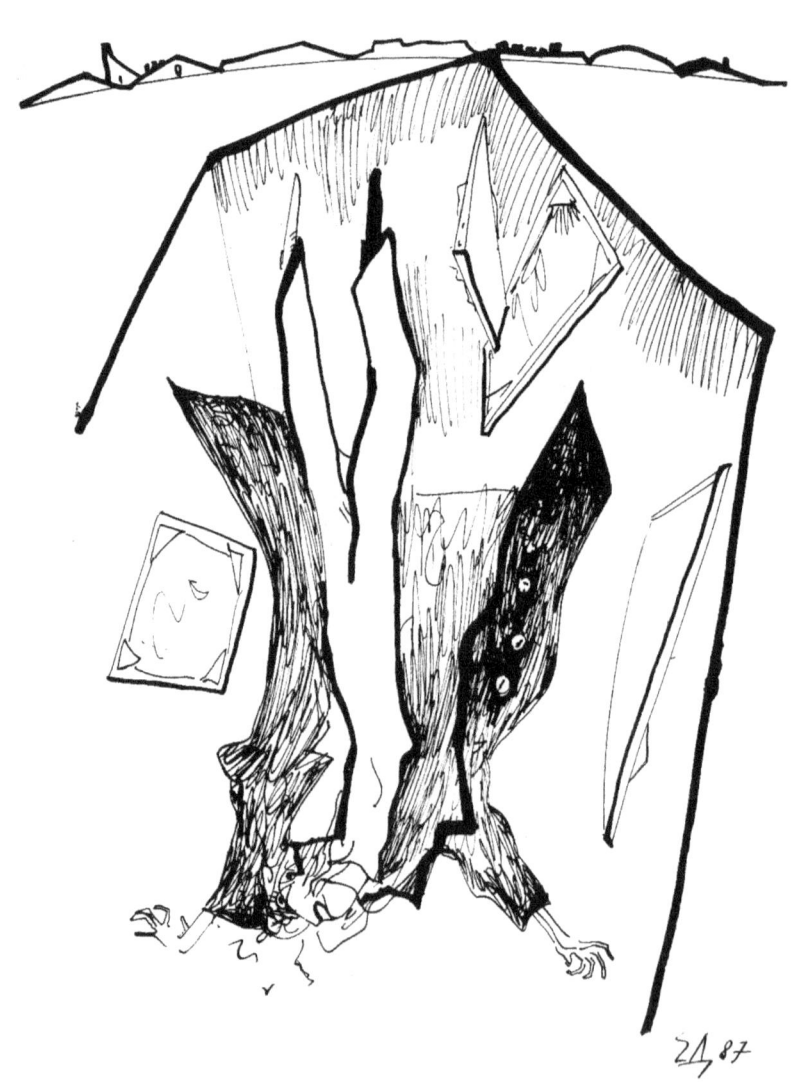

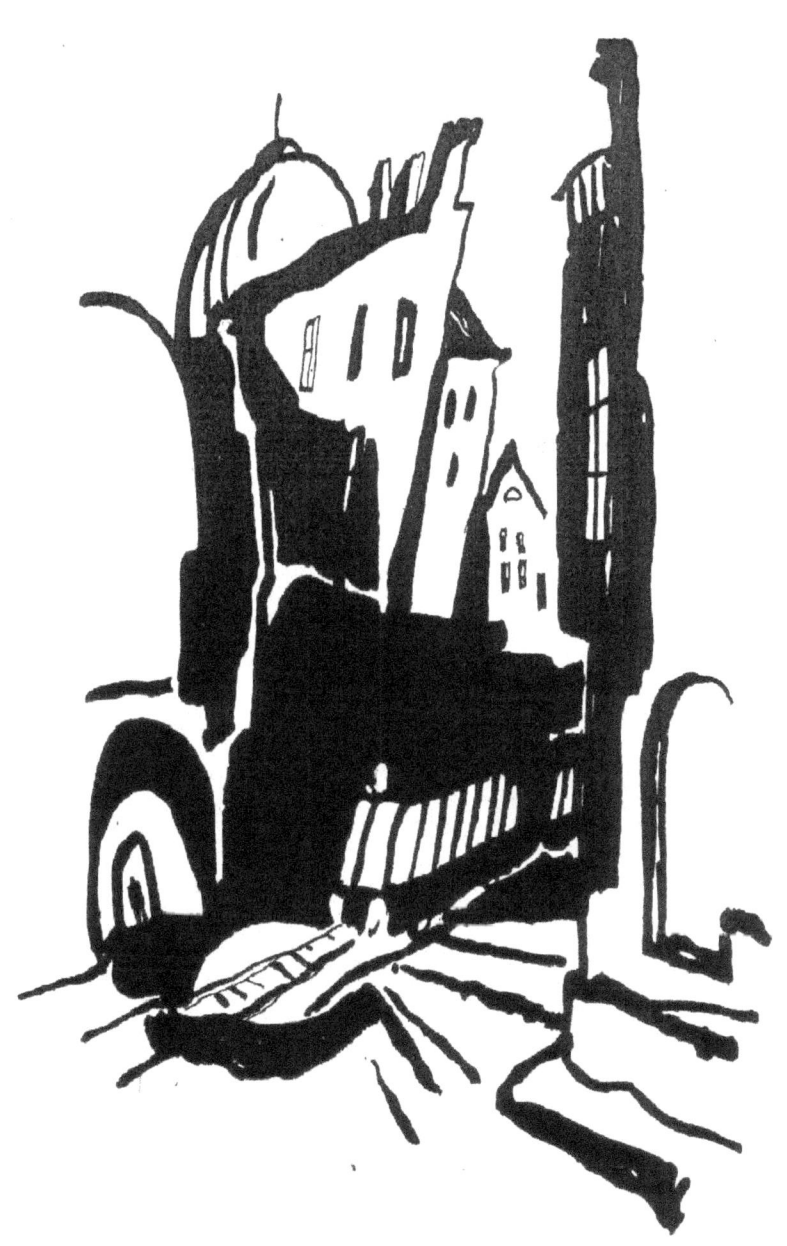

ГОРОД

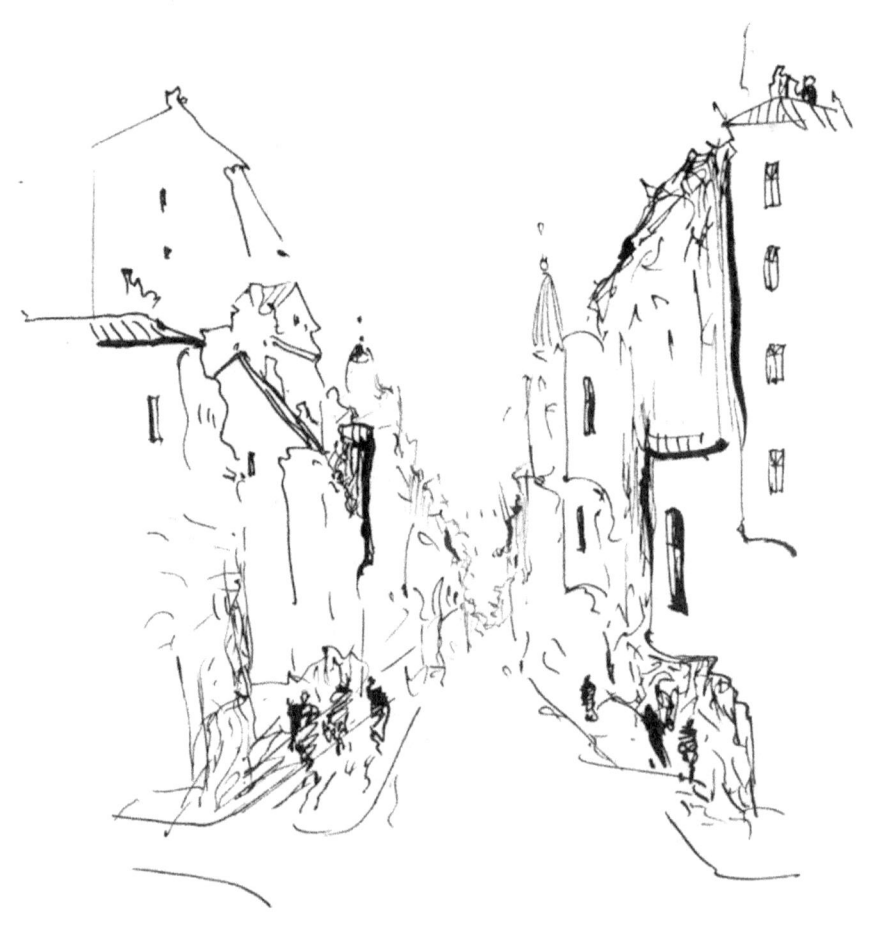

ПЕТЕРБУРГ

Как музыкант спешит туда вернуться,
Где в руки скрипку он впервые взял,
Где только с головою окунуться,
Где ни вздохнуть нельзя, ни шевельнуться,
А только слушать, только исчезать.

Ах, скрипка милая немножечко картавит,
Еще ребяческий нестроен лепет,
Но подождите, мастер вас наставит,
Но вы не бойтесь, мастер не оставит
И по-другому эти звуки слепит.

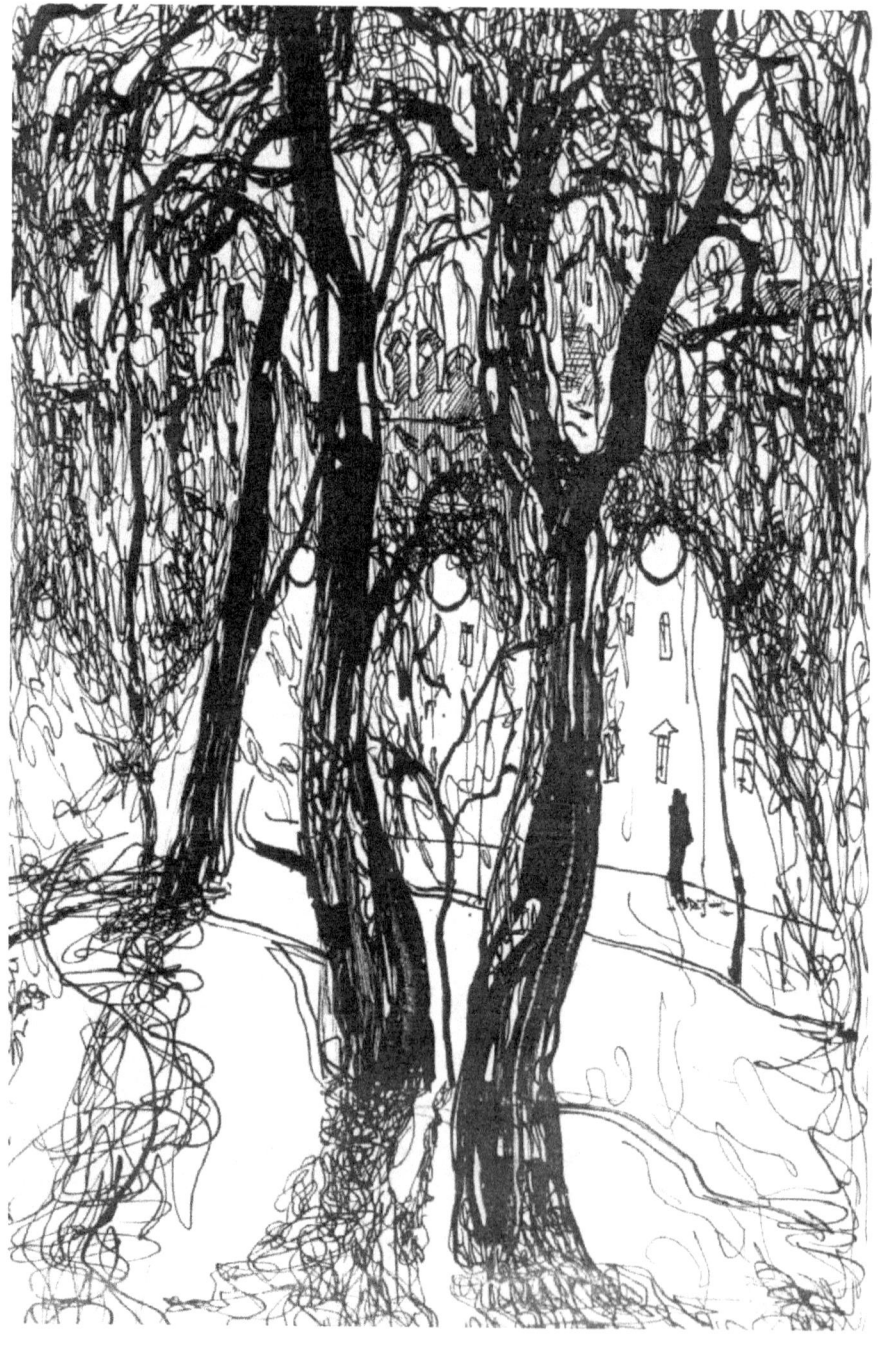

Мне нравится, что утро так туманно
И я не вижу солнечных лучей,
И что восточный ветер неустанно
Раскачивает купы тополей.

Мне хорошо у старого канала
Разглядывать коричневую воду,
Мне нравится немая грязь подвала
И дома опустевшего свобода.

Я полюбил блуждание по крышам,
Бесцельное блуждание свое
И понемногу начинаю слышать,
Что непогода жалобно поет.

Она поет о смерти и разлуке,
Она поет уныло и щемяще,
Она поет... Мучительные звуки,
Они так бесприютны и манящи.

И хорошо, что все вокруг уныло,
И хорошо, что бесприютна даль,
Я рад тому, что небо повторило
Тревожную и странную печаль.

.....

Над городом зажглися фонари,
И патокой разлился желтый свет,
Во влажной тишине звучат шаги мои,
И я ловлю безмолвия привет.

Мигают неустанно светофоры,
Из булочной доносит свежим хлебом,
Мосты последние ломают коридоры
И исчезают, уводя на небо.

Дома сутулые. Все в ожиданье смены
На башне словно сонной часовые.

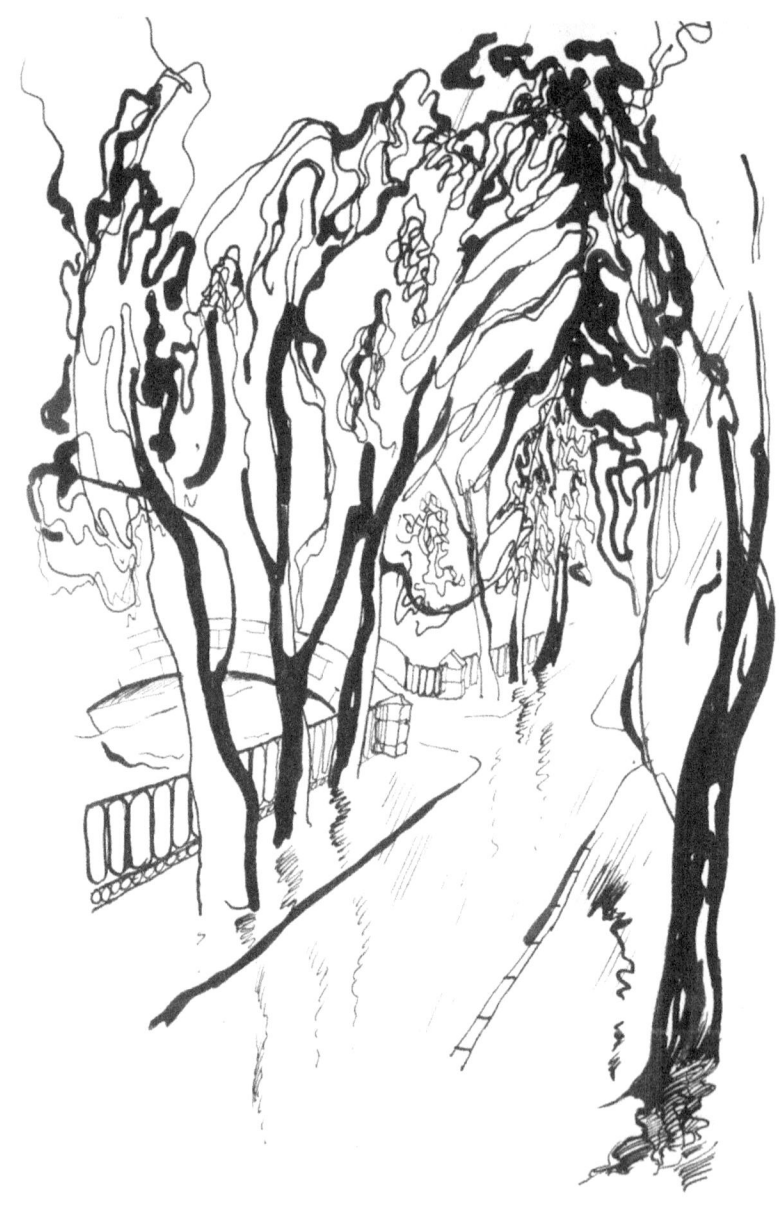

Газетами оклеенные стены.
А на карнизах ангелы немые

Нам жестами желают передать
Слова печальные, запретные, живые,
Которым не осталось ни следа,
Растаяли молитвами простыми.

Как сумрак каменный охватывает нас!
Я исчезаю как неуловимо!
Над куполом больным поет Луна,
И в окнах сказочных играет пианино!

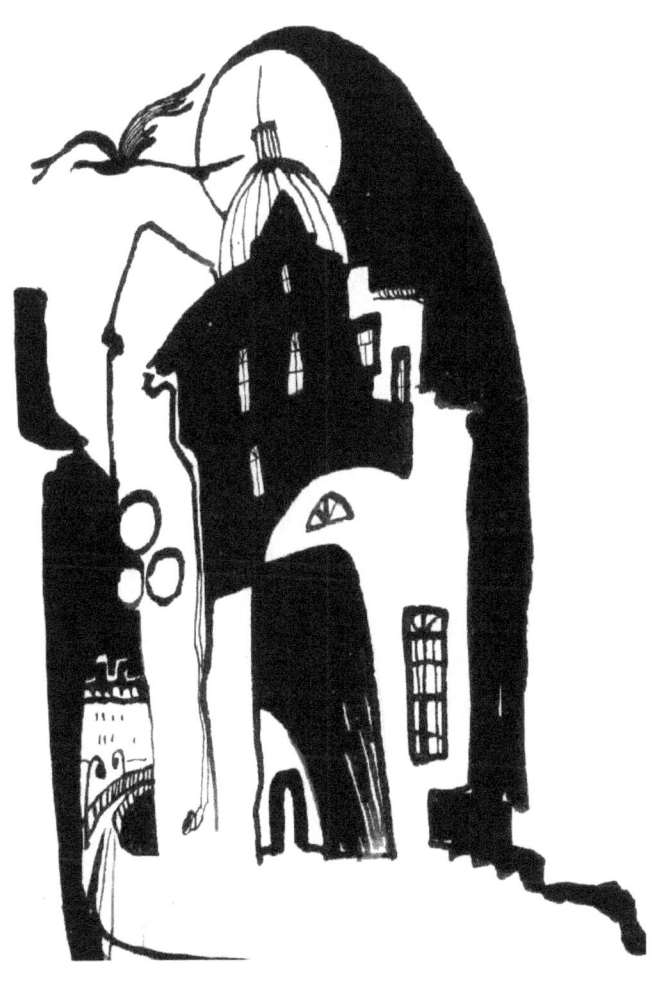

.....
Кораблик медный улететь мечтает
В родной предел, свободные моря
И золотые мачты напрягает
С мольбою тяжкой небу говоря:

Неясный день. Велением Петровым
Жестокий молот песенку ковал,
Затем в столице северной, суровой
Я горожанам Солнце отражал.

Я с ними радовался, с ними плакал
И горевал безумно и безвинно,
И принимал и ясный день, и слякоть,
И был во всем и не наполовину.

И мне всегда сердца сильнее бились,
Всегда, всегда я принимал отзывы,
Надежды яркие здесь шепотом гнездились,
И нить ткалась, ткалась без перерыва.

Прошли года то холодно, то бурно,
Становится и воздух здесь иным.
Но неужели Солнце Петербурга
Для Ленинграда только сувенир?

И неужели суждено мне вечно
Луч отражать напрасно, никому
И больше взгляд свободный и беспечный
Не поразится блеску моему.

.....
На влаге серого холста
Средневековый виден город:
Изломанная крыш черта,
Гранитной набережной обод.

Соборов гордых купола
И зелень тополей густая,
И духота во всем легла
Тяжелая, предгрозовая.

Свинцовая вода Невы,
Разбег мостов, трамвая грохот,
Обрывок фразы:"Значит Вы..."
И женский непонятный хохот.

.....
Весной, в обыденный рисунок
Гриппозных улиц и домов,
И в толкотню набитых сумок,
И в толкотню пустых умов,

Промеж Казанским и Гостиным,
Среди обманчивых афиш
Ты полон воздухом бесчинным,
И счас умрешь или взлетишь.

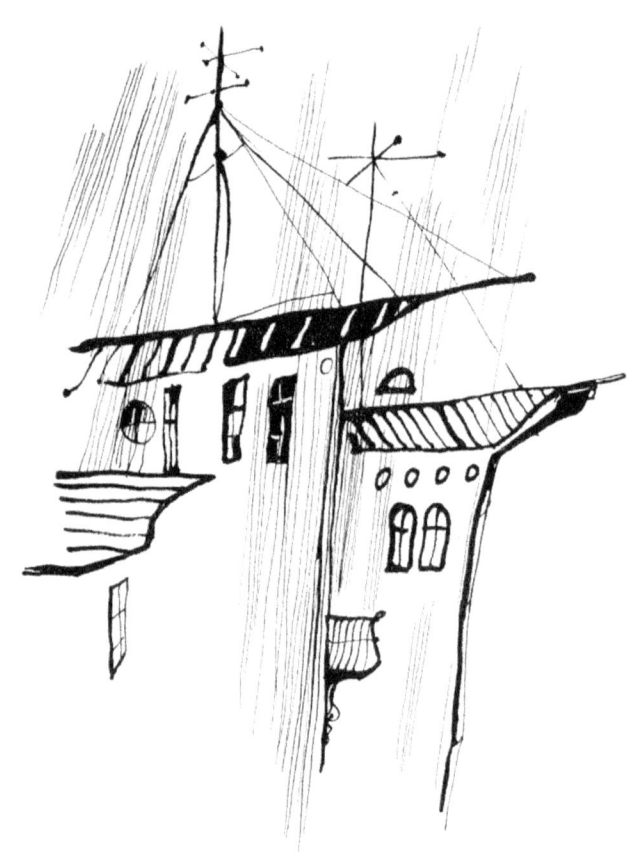

....
Мне близкие пророчили
нарядную судьбу,
а я то на обочине
лишь песенки пою

то дереву, то ветру,
то подворотне странной,
где в сумрак фиолетовый
вливаюсь, безымянный.

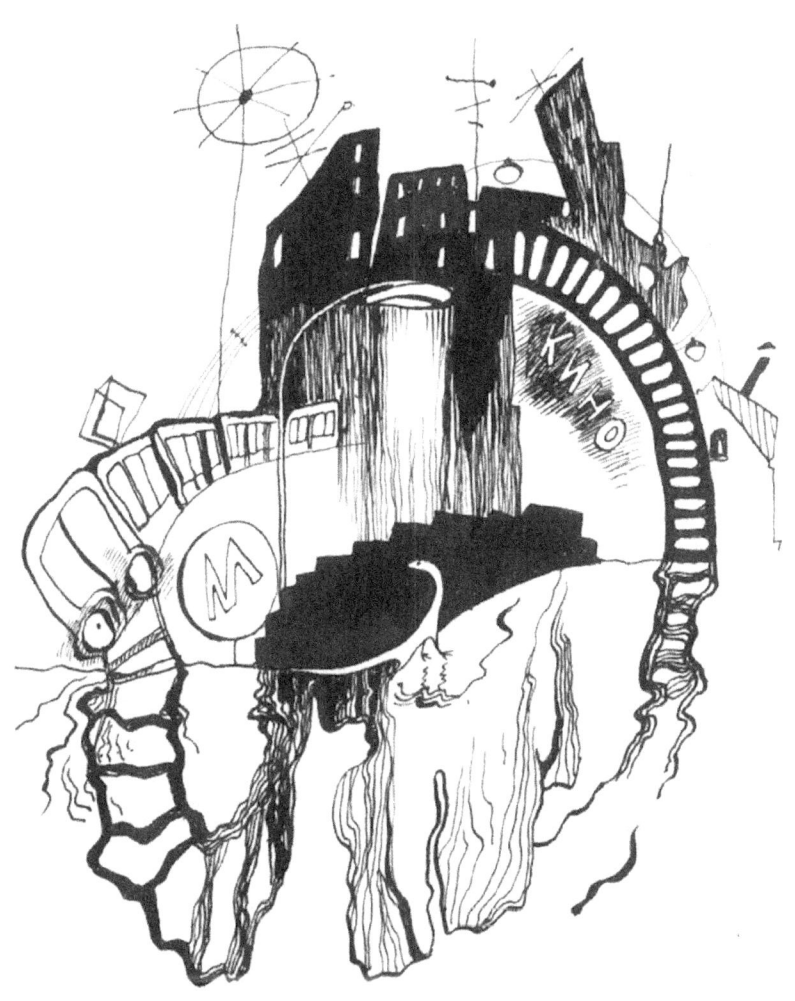

ЛЕНИНГРАД

Стою в грохочущем метро,
Где желтых ламп немытый ряд,
Лишь отражение свое
Усталый выделяет взгляд.

.....

Туман над городом моим,
Лишь в паутине проводов,
Сквозь наважденье черных снов,
Светом бунтующим таким.

Цветы ночные - фонари,
Словно чужого неба луны,
Словно догадки мысли юной
О жизни, смерти и любви.

.....

Было в городе темно.
Ни о чем не говорили,
Сигареты все скурили
И допили все вино.

Было в городе темно.
Все бесились и балдели,
И орали, но не пели,
Потому что все равно.

Было в городе темно.
Фонари темнее ночи
И замечу, между прочим,
Что работает кино.

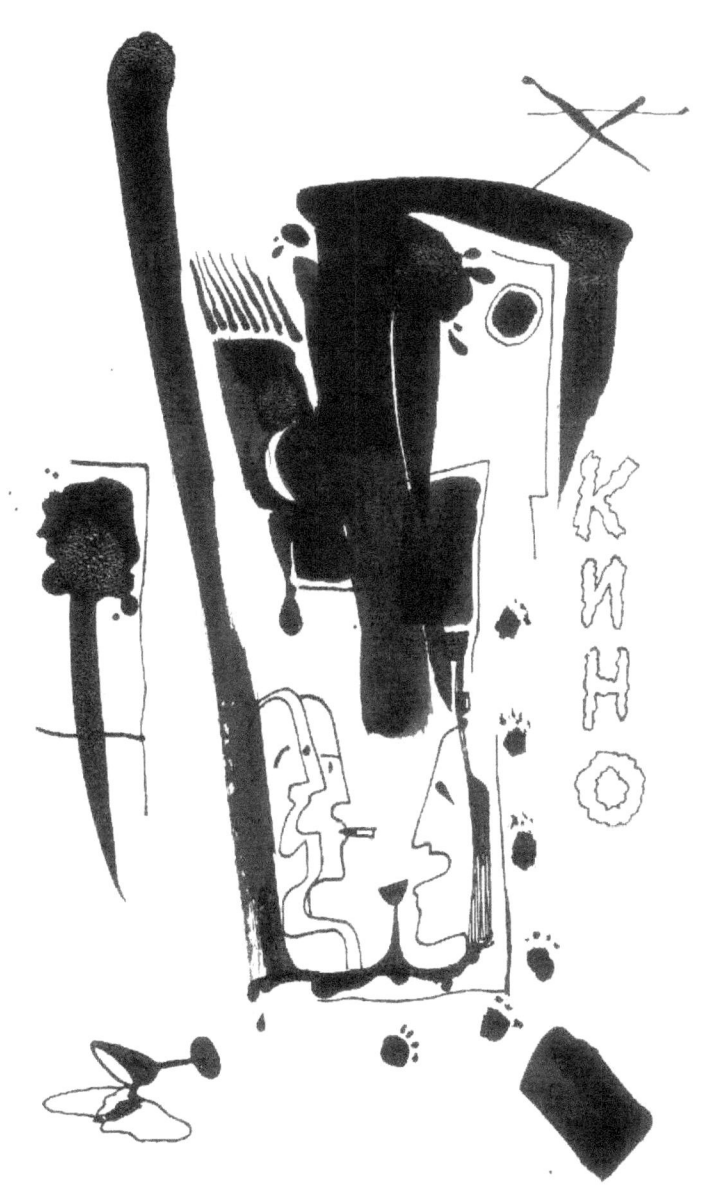

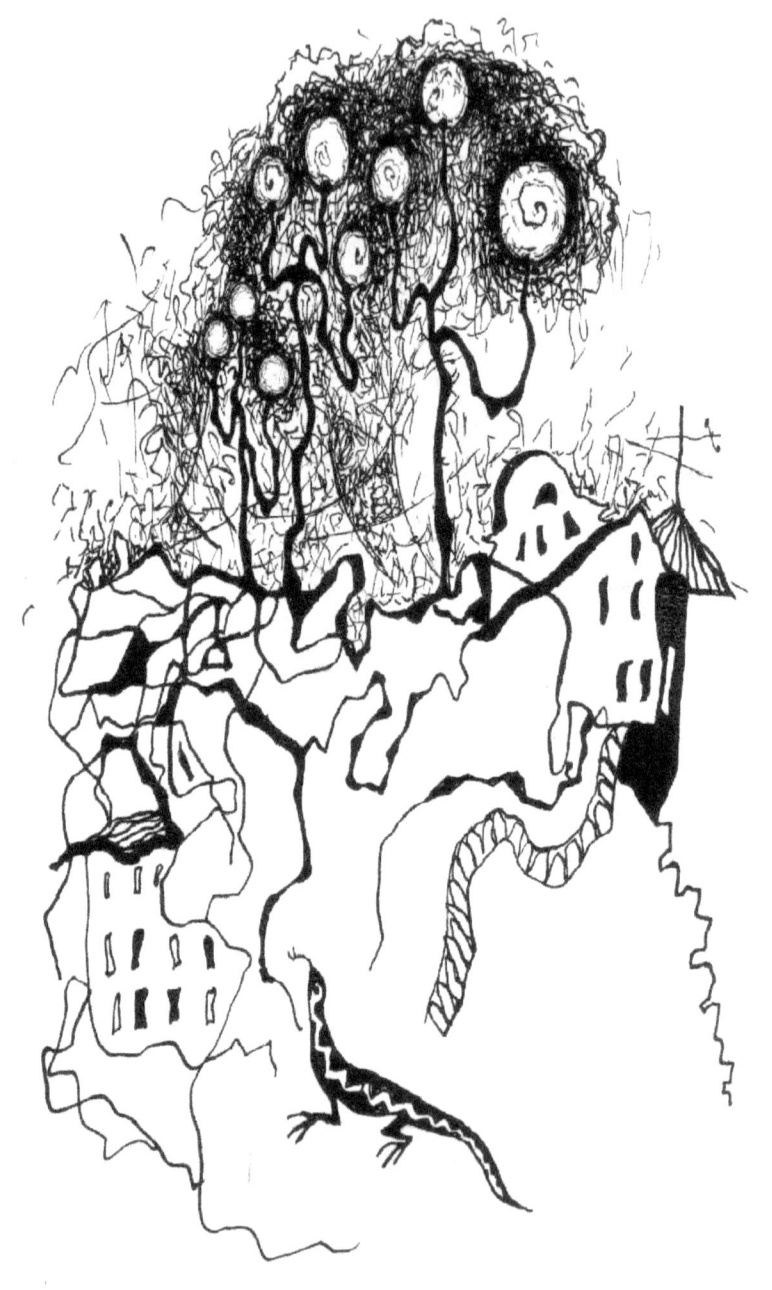

Соц-реализм.
1.

Серый волк
Умолк.
Даже - стал вегетарьянцем,
Ходит в школу бальных танцев,
Хороводит со Снегурочкой -
Поразительною дурочкой.

Говорит ей комплименты.
То - счастливые моменты
Платонической любви.

Кот, объевшись людоедом,
И хозяина взяв в слуги,
Напевает в честь победы
Нечто в ритме Буги-Вуги.

Царит Муха-цокотуха,
Тяжко нечисти и духам:
Наступил везде порядок -
Омерзителен и гадок.

Бунтанул было Кощей:
Не собрать его костей,
А что он бессмертный - враки:
Как дошло дело до драки,
Надавал ему взашей
Семерых козлят
Отряд...
Так-то,
Брат...

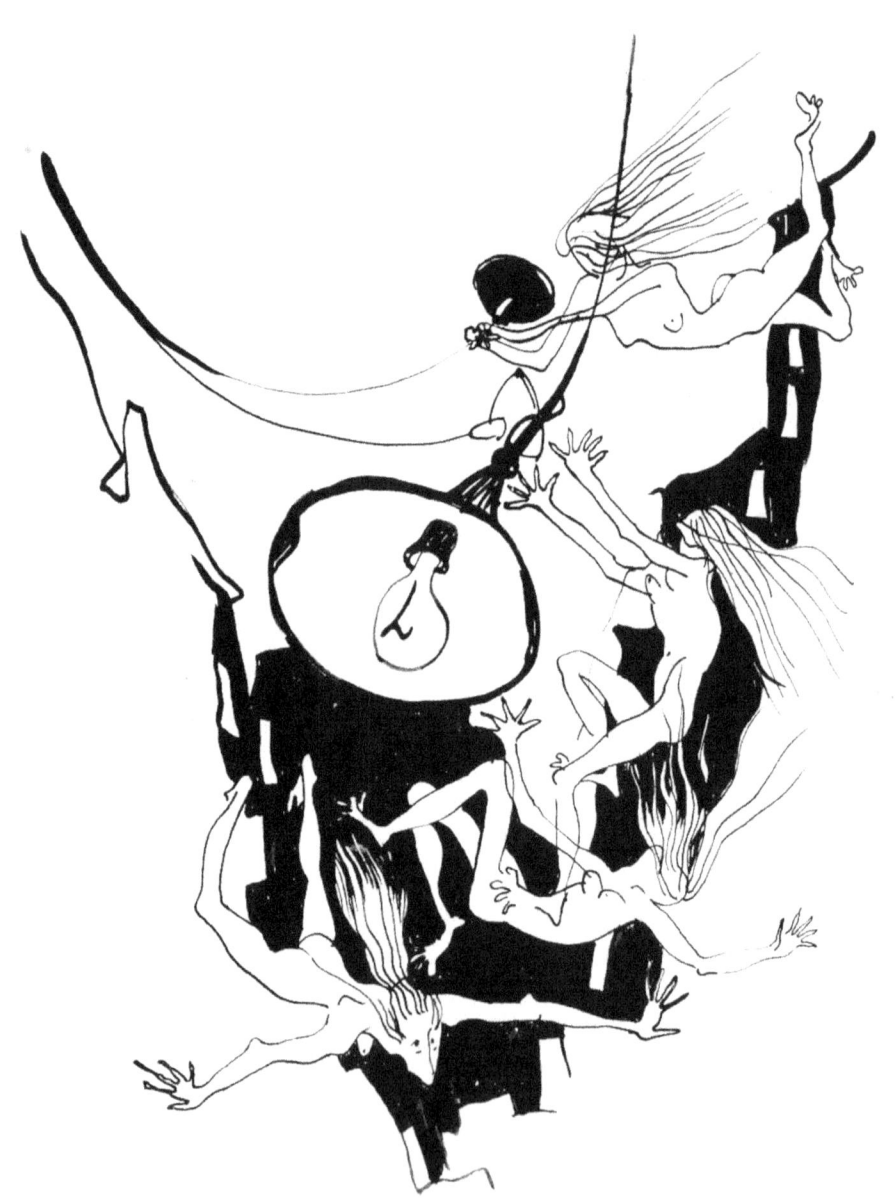

2.

Нынче правда ходит
Как пират,
Кто ее увидел -
Не рад.
Сразу же раздет -
Наг
Будет самый великий
Маг.

Нынче правда страшнее смерти,
Оттого ее прячут черти
За семью печатями,
За семью запорами,
А ее искателей называют ворами.

Нынче правда и точно - вор,
Украдет у палача топор,
Убивает шелковую ложь
Правды нож.

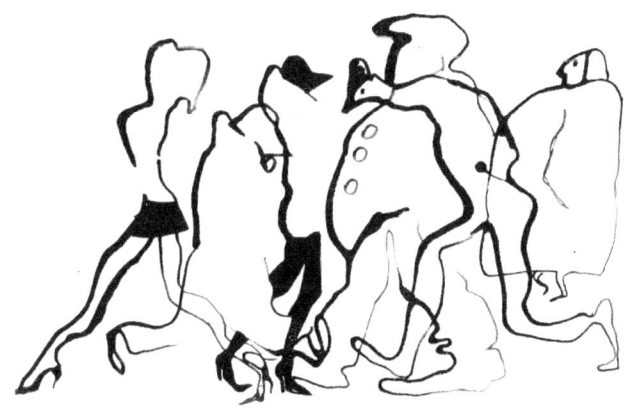

3.

Не красивый, не свирепый,
А лохматый и нелепый,
Впрочем, все же не горбатый
И достаточно богатый,
Чтоб купить у Вас то,
Чего не видит никто,
Но делец не столько ловкий,
Как базарная торговка:
Ведь берет лишь худший сорт,
Чорт.

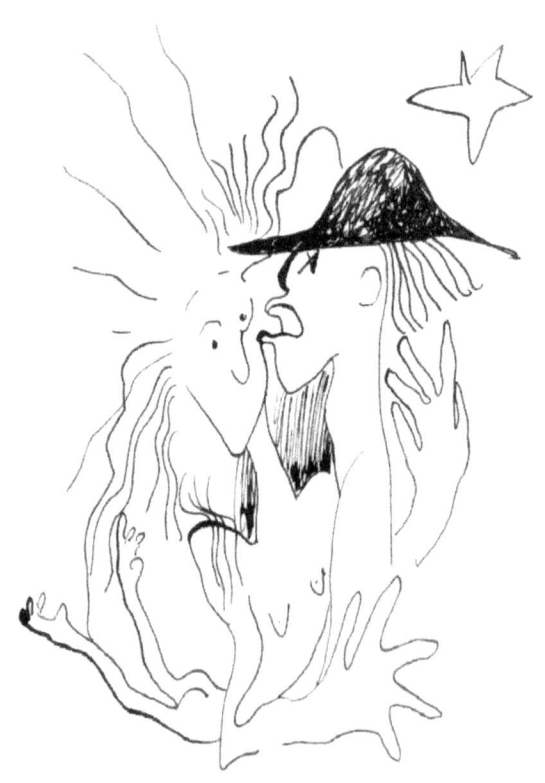

Вниз,вниз!...
1.

Можешь свечи жечь до утра,
Можешь пить, а можешь читать.
Бесконечные вечера
Не умеем мы убивать.

И за что же мы без конца
Повторяем одно и тоже?
Тяжело нести мертвеца,
Можешь спать, мой друг, если можешь.

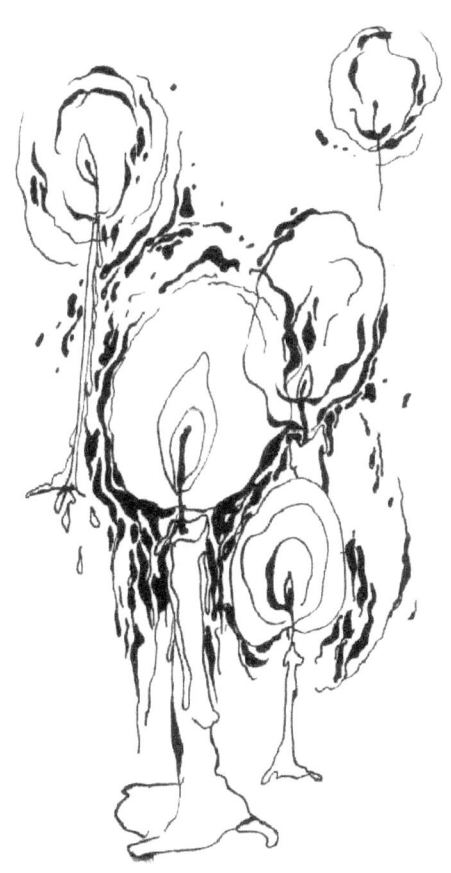

2.

То гордые, то робкие
Мы часто непонятны,
Когда дверями хлопаем
И не идем обратно.

И на вопросы жадные
Рассеянно молчим
Выходим из парадной
И в тупики кричим.

Окружены и загнаны,
Мы ищем маяки,
Мы лоцманы, мы флагманы
Флотилии тоски.

3

Не правда ли, смешно
Сегодня говорить,
Что вечной красоте
Мы призваны служить.

Что небеса пусты,
Когда не видят их,
И что удобный мир -
Лишь заговор слепых,

Что желтой мишурой
Заполнить можно дни:
Так желуди лежат
В желудке у свиньи.

Пусть резкость моих слов -
Истерика изгоя.
Не правда ли, смешно,
Так смейтесь надо мною!

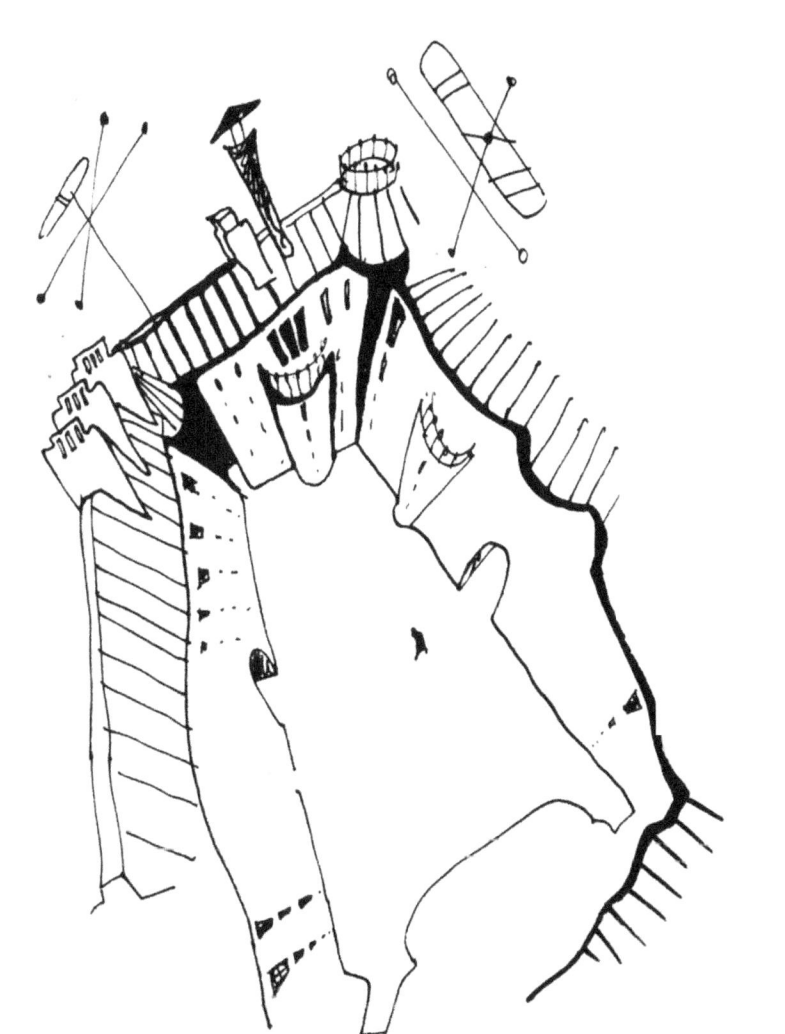

4.

Мне ненавистна города речь
И даже его следы,
Но я не могу медузой залечь
Под тысячи тонн воды.

Туда, где только фосфора свет,
Игра электрических рыб,
И где сказать друг другу "привет"
Лишь ультразвуком могли б.

Я жабры давно себе отрастил,
Рука заменяет плавник,
И далеко бы уже уплыл,
Но кровь мой ведет дневник.

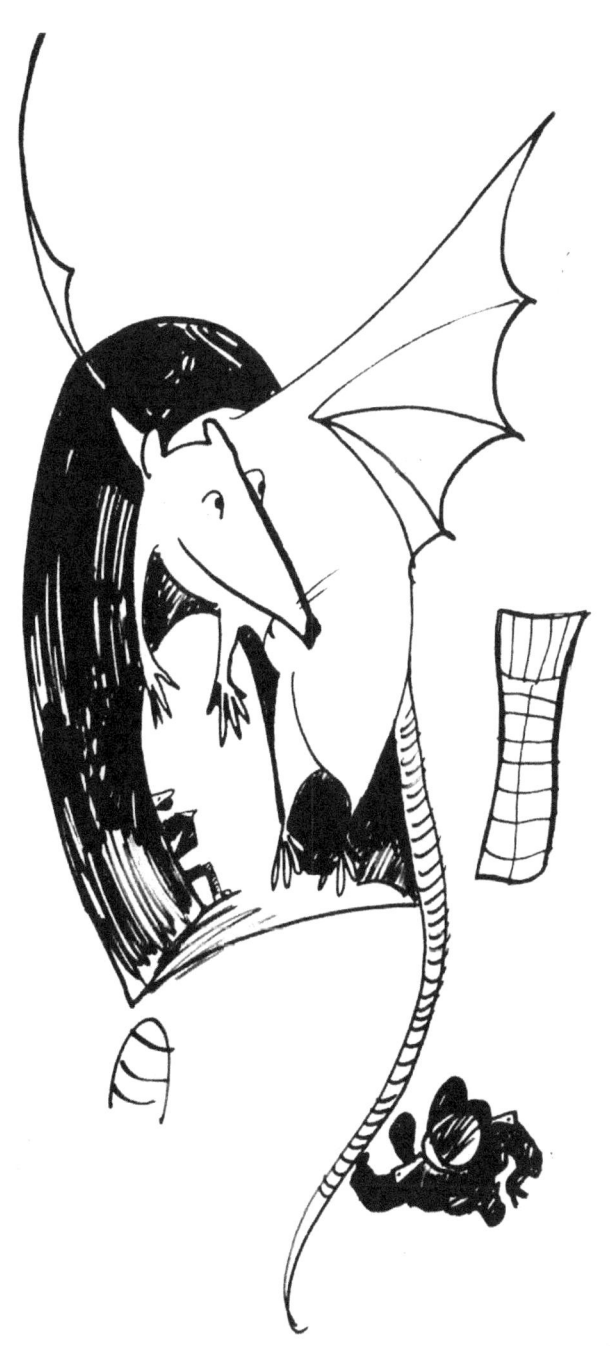

Σ4.86

...На окраины Ленинграда прилетело множество белых лебедей...(из теленовостей)

Там, в предместьях из металла
И бетонных площадей,
Вдруг весною много стало
Белоснежных лебедей.

У причала, на заливе,
Где из нефти вся вода,
Проплывают горделиво
Точно жили здесь всегда.

Я гадаю, отчего бы
Появились они здесь,
Улетели, что ль, от злобы?
Принесли ль какую весть?

Или это наставленье?
Я хочу понять о чем...
Лебедь белый, как прощенье,
Не спеши взмахнуть крылом.

Погляди, в каком бедламе:
То в грязи, а то в крови...
Поживи немного с нами,
Хоть немного поживи.

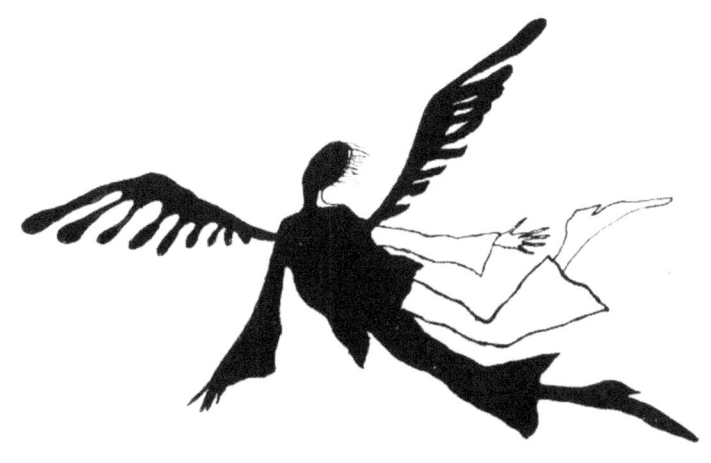

ИСКУС

Сцена.

Я верил каждому движенью,
И принимал всерьез игру,
И мне казалось, что умру
В последнем слове представленья.

Оркестр вступление играл,
Наша смешная оперетта
Мне показалась смертью света,
И я нездешнего искал.

Я все же раскусил обман,
Что меч картонный, я заметил.
Настал антракт, сижу в буфете
И обсуждаю модных дам.

Как долго тянут с продолженьем,
Мне все равно, я хохочу,
Но вдруг срываюсь и кричу:
"Я не могу без продолженья,

Я верю в каждое движенье,
И я беру всерьез игру,
И точно знаю, что умру
В последнем слове представленья!"

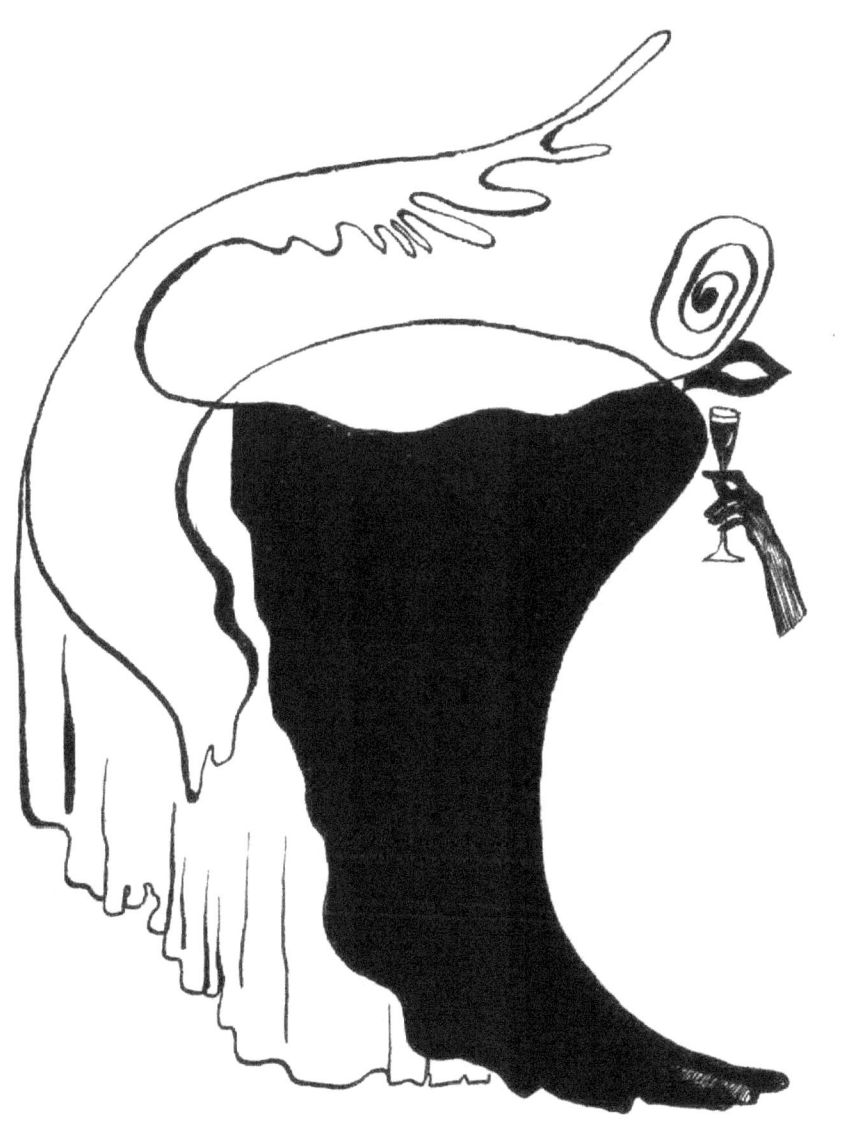

.....
Неизвестно как юнцу попалось
Страшное пророчество о том,
Что вот-вот весь мир покроет хаос,
Иоанну вещанный Христом.

Как тогда он потрясал руками
И друзьям бросал такие взгляды,
Говоря, что мир погряз во хламе,
Но жива надежда в Петрограде.

Будет день, на берегах Невы
Изумятся даже парапеты...
Легким поворотом головы
Отвечали бедному поэту.

Он бежал от желтых фонарей,
Тосковал бессонный и голодный,
Слушая лишь голос рыбарей,
Веря в мир и сильный и свободный.

Но однажды, в час довольно мерзкий
Поубавился куда-то его пыл:
Может быть, умерил пестрый Невский,
Может, телевизор проглотил.

Может быть, один знакомый циник,
Может, дама, может, что еще,
Но теперь он дома не покинет,
Выучил, о чем нельзя в лицо.

И так мило шутит вечерами,
Обсуждая парадоксы ваши,
Колкие цитаты под руками,
И шампанское искрится в чаше.

Ну а если с ним о прежней вере
И о том, что мир летит во мрак,
Он смеется, он смеется: "Не потеря,
Научи, чем счастлив ты, чудак."

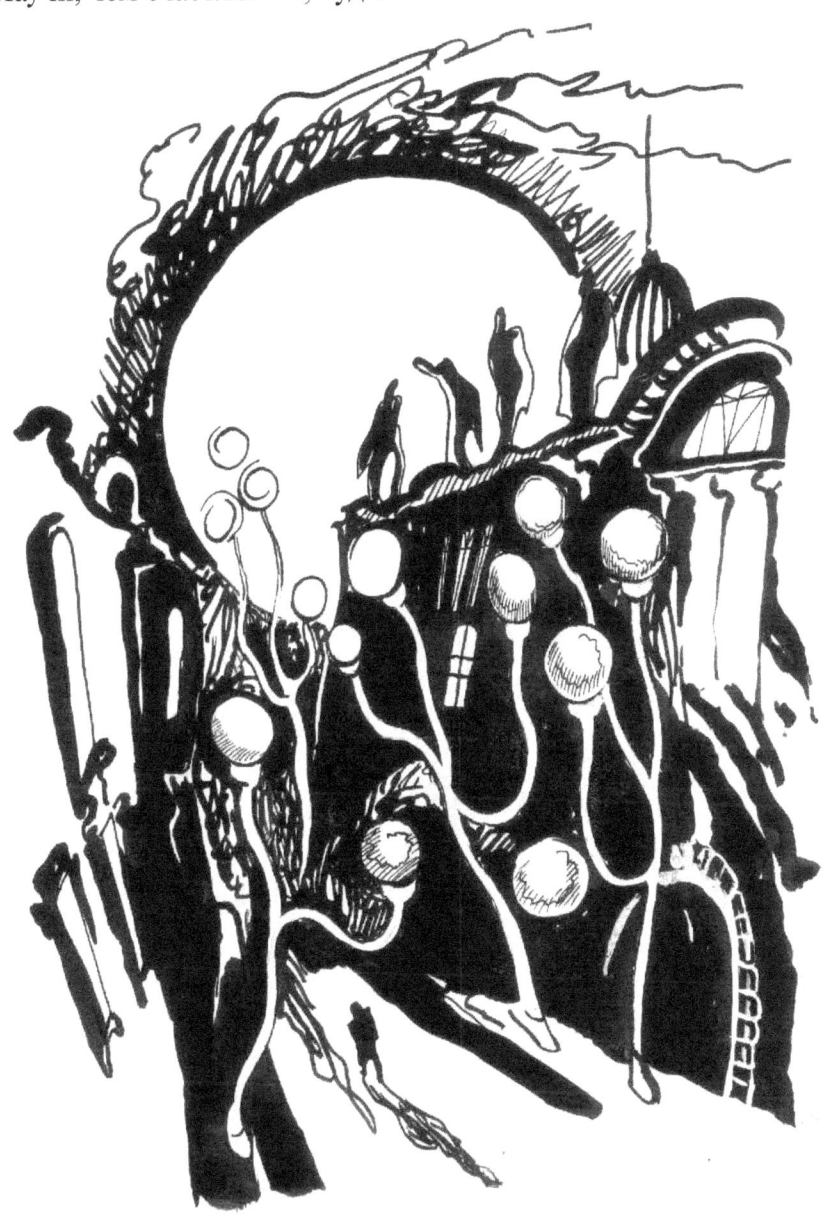

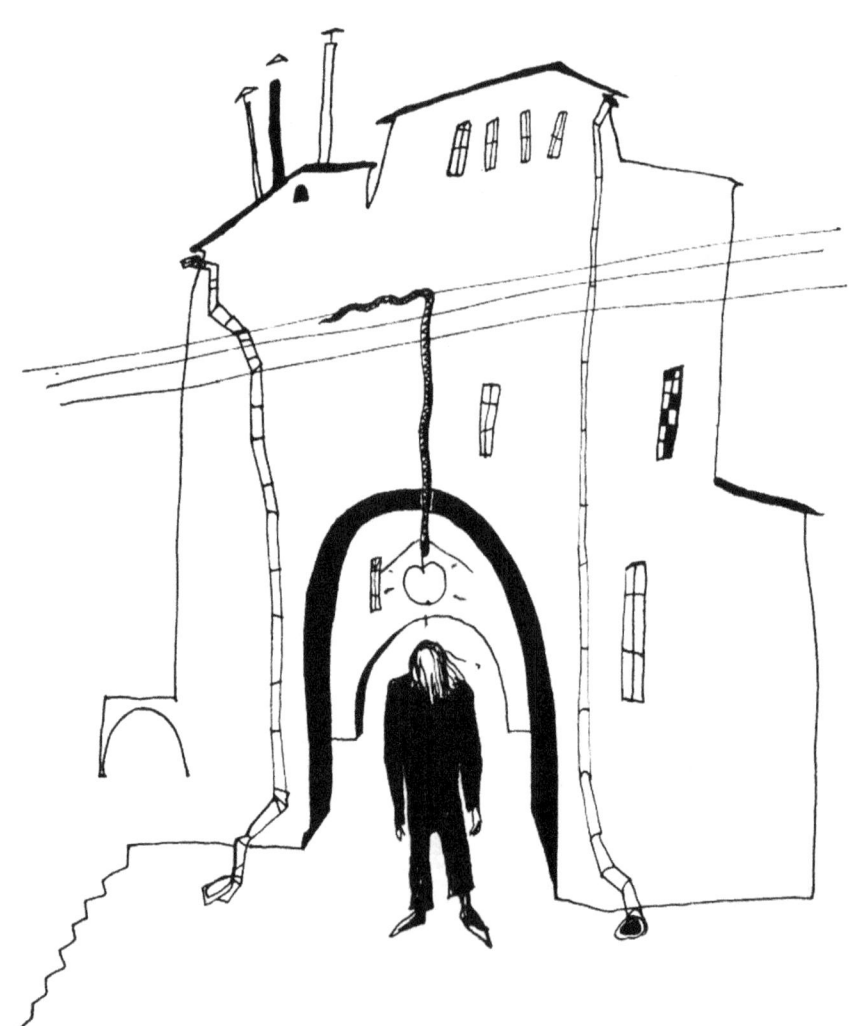

.....
Ты это не бери всерьез,
Чего еще, мой друг, желаешь:
Не хочешь - веничек из роз,
Талон любви - и ты летаешь...

Ты это не бери всерьез,
Укрывшись плотно одеялом,
Спи, чижик-пыжик, спи, барбос,
И будь примером детям малым.

Ты это не бери всерьез,
Не верь тоске изящных линий,
И в ропот площадных угроз,
И в шепот волн зеленосиний.

Ты это не бери всерьез -
Какой мотивчик неотвязный -
Собачье сердце, сердце грез:
Все сдохнет в местности заразной.

Ты это не бери всерьез,
Не верь толпе, не верь поэтам,
Тому, что скажет герцог Поз,
И книгам в узких кабинетах.

Ты это не бери всерьез,
Оставь семью привычных истин
Для края, где важней вопрос,
Существеннее путь, чем пристань.

Ты это не бери всерьез,
Кайфуя сложена баллада,
Она для стеба, не для слез.
Сквозь тысячи метаморфоз
С приветом, Белый клоун ада.

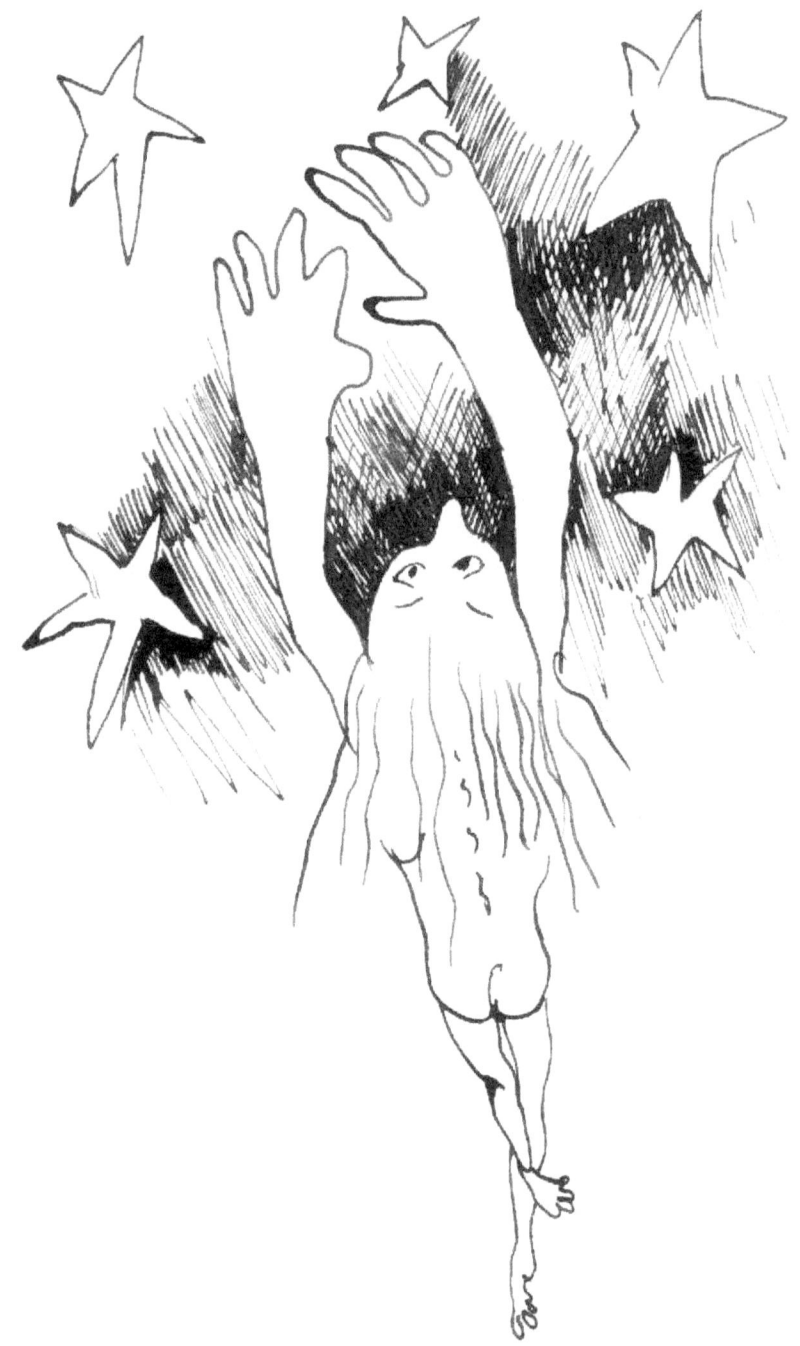

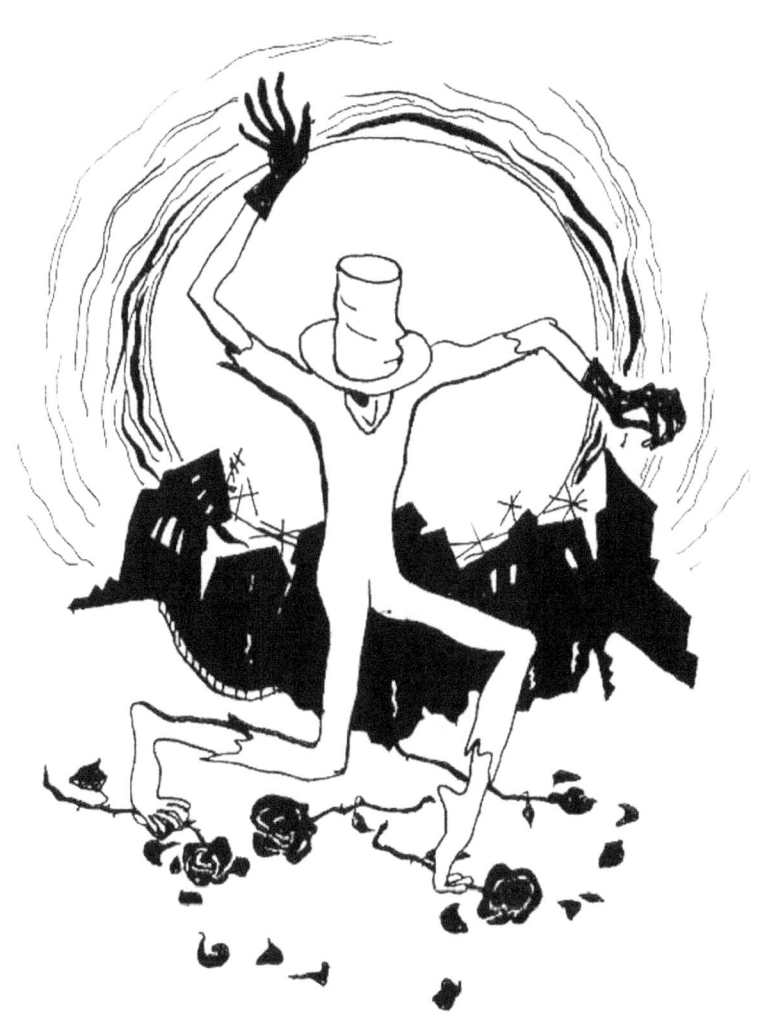

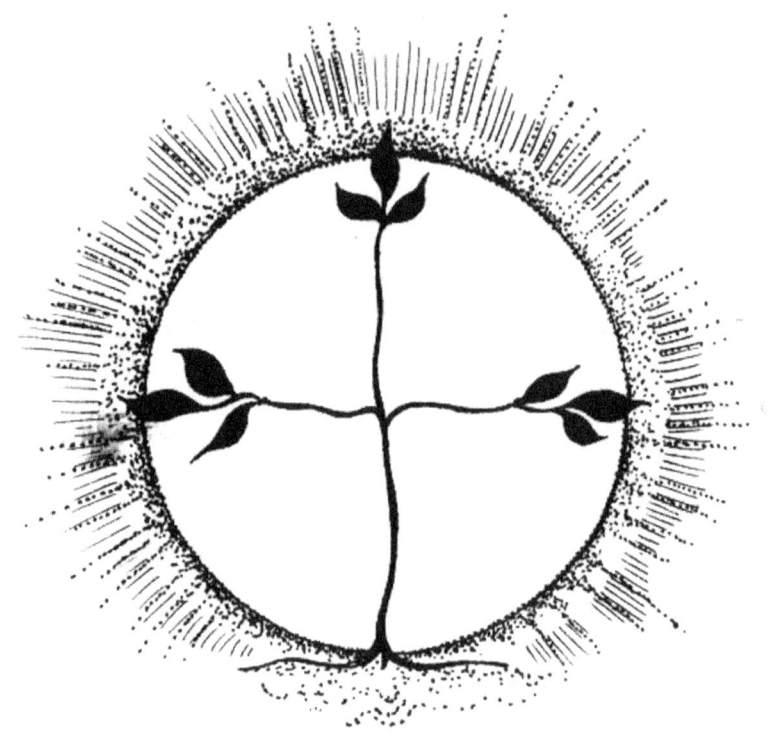

КРЕСТ

Иудея. 3О год от Р.Х.

Кругом стояла тьма
такая, что не видать лица
чужого. Казалось - вечная зима,
где нет начала и конца,
где все молитвы бесполезны
и нет спасения от бездны.

Когда ублюдки-полулюди
в дыму провинциальной шутки
приносят головы на блюде,
и Магдалина - проститутка,
прижавшись к жаркому плечу,
нашептывает - я хочу...

Из толстой рожи клык торчит.
В сапог запрятано копыто.
Иоанн убит. Жив вечный жид.
И лишь разбитое корыто
всегда со мною: мне оно
на веке вечные дано.

Кончаю. Смрадная картина
и без меня нам всем видна.
и Голем, темным исполином
стоит у каждого окна.
А Тот, Кому дана вся власть,
шел кровь отдать и не проклясть.

Мария Магдалина.

Плакала Мария Магдалина,
Больше ничего на свете не было,
Плакала у стен Иерусалима,
Жаловалась старому Иегове.

Плакала. Слезами было можно
Вымыть может быть не целый шар земной,
Но еврейских нищих и острожных,
И казнимых отпустить домой.

Плакала. И слезы шли как слезы.
Несравнимы. Также смерть и соль,
Пахло чуть смоковницей и розой,
И от слез не высохло лицо.

Плакала. Откройте шире лица:
Площади не покладая рук,
Веселятся. Пестрая столица
Не желает изменяться вдруг.

Торговали, словно на базаре,
И уже никто не выгонял.
Плакала и плакала, слезами
Открывая форточку для дня.

Ветер, ветер раскидает праздник,
Рим разрушит стены и базар,
Сам падет и Колизеем дразнит,
И уже царит собор Петра.

Только молча плакала Мария,
Шар летел по пустоте миров.
Разбегались страны. Где Россия?
Где Париж? - не знают этих слов.

Только рядом плакала Мария.
Тихо-тихо. Тише тишины.
Плакала у ног Иерусалима,
У шершавой городской стены.

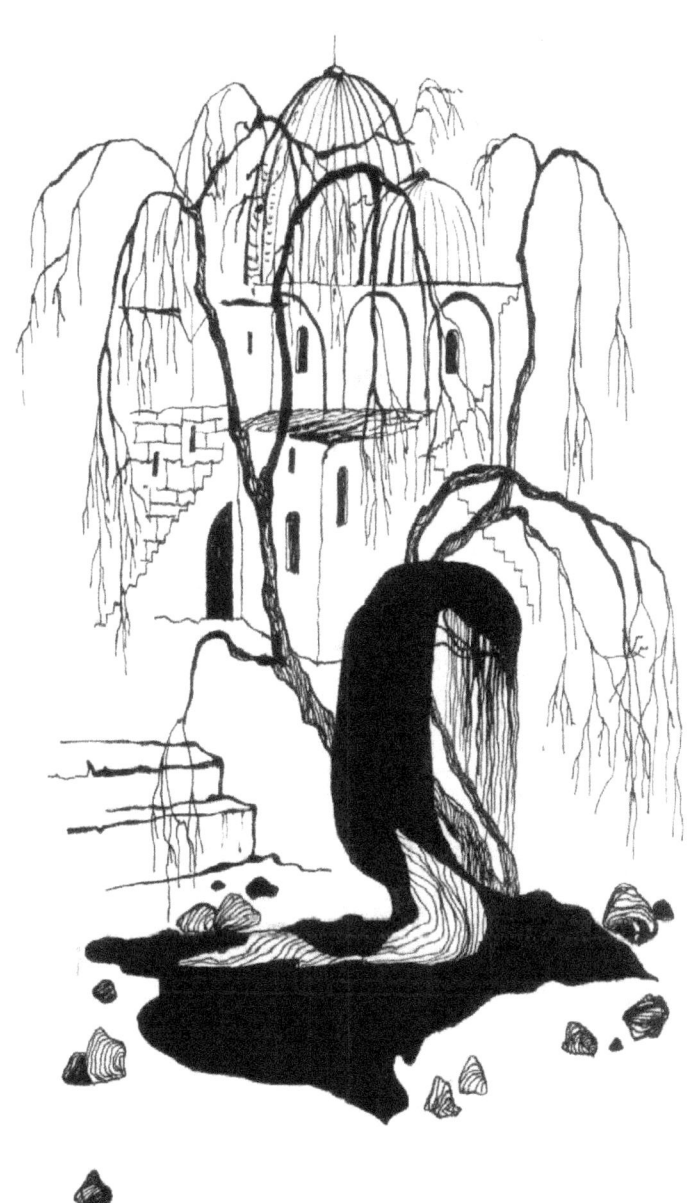

Паломник.

Я одену плащ прощальный
И пойду в Иерусалим,
Путь далекий, непечальный,
Я - безвестный пилигрим.

Мимо быстро будут мчаться
Пассажиры поездов,
Я ищу иное счастье,
Мой упорный путь суров.

Подаяние и травы -
Вот и вся моя еда.
Но в лучах Господней славы
Не устану никогда.

Ведь к невидимой надежде,
Сердцем чаемый приют,
И сегодня, как и прежде,
Страсти Господа зовут.

Плутарх.

Он тогда подавал советы:
Если актер не расслышит суфлера
И наплетет отсебятины, вздора -
Освистят, но ведь не убьют за это.

Если же ты на арене власти
Не услышишь голоса Рима -
Подсказка тиха, но различима
Из-за патриотизма, страсти

К доблести предков - то будет хуже:
Дело не кончится криками, свистом,
Если ты не рожден мазохистом,
То голова в кровавой луже

Куда уродливей, чем на шее.
Да и грекам лучше не станет:
Сменит пройдоха и руки затянет
В колодки туже, больнее.

Впрочем, мы можем строить бани,
Не сообщая этого им,
Сети чинить - незачем Рим
Волновать подобными мелочами.

Он родился в Беотии, в Херонее:
Где это и не вспомнить сразу,
Карту Греции обшариваю глазом -
Мог встретиться с Павлом из Иудеи.

Сошлись бы на том, что грешен мир сей,
Но то, в чем апостол видит выход...
Историк зайдется лишь в смехе тихом,
Позже заключит в кругу друзей:

В голос гогочут одни рабы
Или клевреты царской власти,
Философу следует сдерживать страсти,
Не впадать в приступы смеха, злобы.

.....

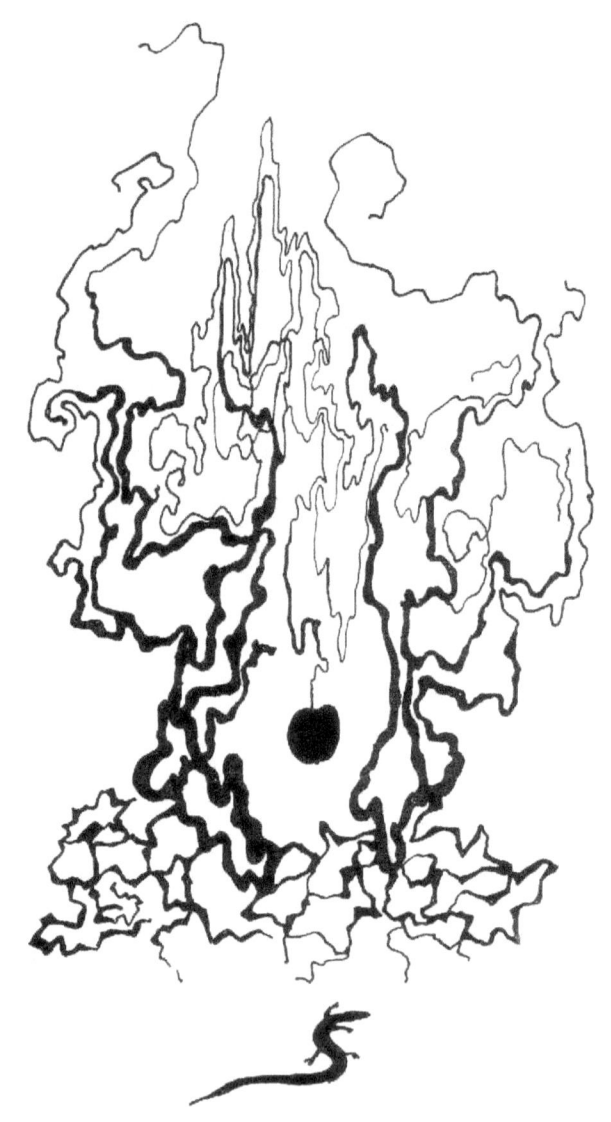

САДЫ В ПУСТЫНЕ

Здравствуй, мой мальчик, я тетя Мура:
Помнишь, как мы веселились вчера?

Прочь уходи, злая ведьма, старуха!
Да не кричи, не туга я на ухо.

Прочь уходи, тебя я не звал!
То ли вчера ты мне, милый, шептал.
....
Вновь мура мурлычет песни:
Хорошо нам будет вместе.

Можно и в моем саду
Кушать райскую еду.

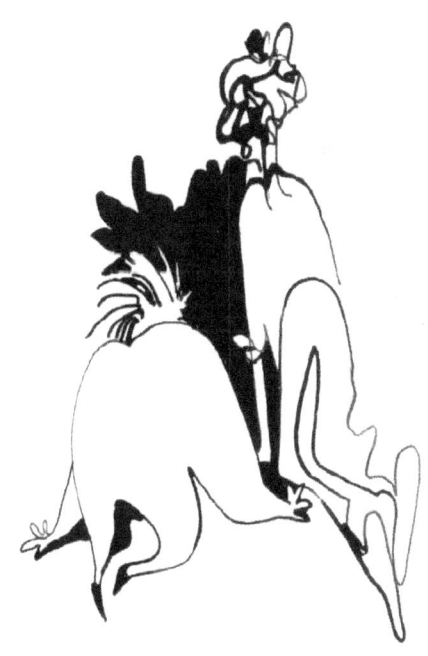

.....
На этой лестнице скользкой
Кошмары стояли разные,
И комариное войско
Крылами махало грязными.

От звона их безобразного
Моя голова кружилась,
И знаки безумья странного
В стихотворенье сложились.
.....
Поднявшись, спустился я к жизни
Не книжной, а самой живой.
Уже не гляжу с укоризной
На тех, кто роднится с травой.

Я высшую музыку слышу
В груди неизвестных людей
И знаю теперь, что на крышу
Приду из подвала верней.

 Ангел.
У совпадения различий
Стоит с чарующим мечом,
Смиряющий своим величием
И утоляющий огнем.

.....

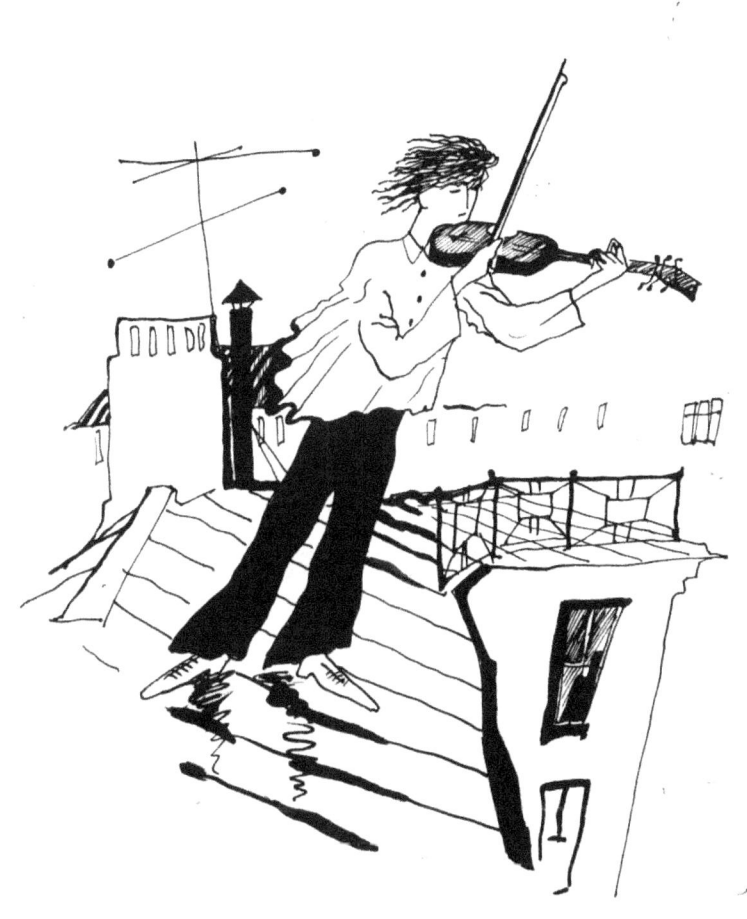

Ночь, Луна, Флаг часового.
Умирает сердца страх.
Я спросил о чудесах,
Мне ответили сурово:

"В нашей жизни легче пуха,
Легче пуха тополей
Ты себя не пожалей
И тогда увидишь Духа."

.....
В капле воды,
Пригоршне овса -
Луч дальней звезды,
Знаменье Отца.

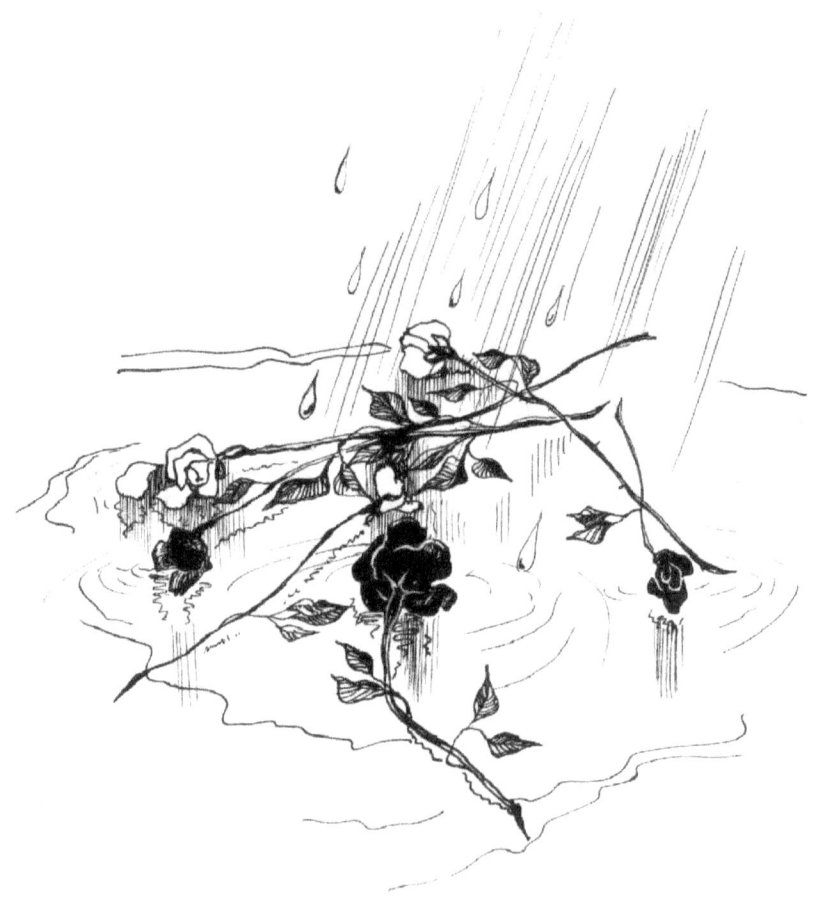

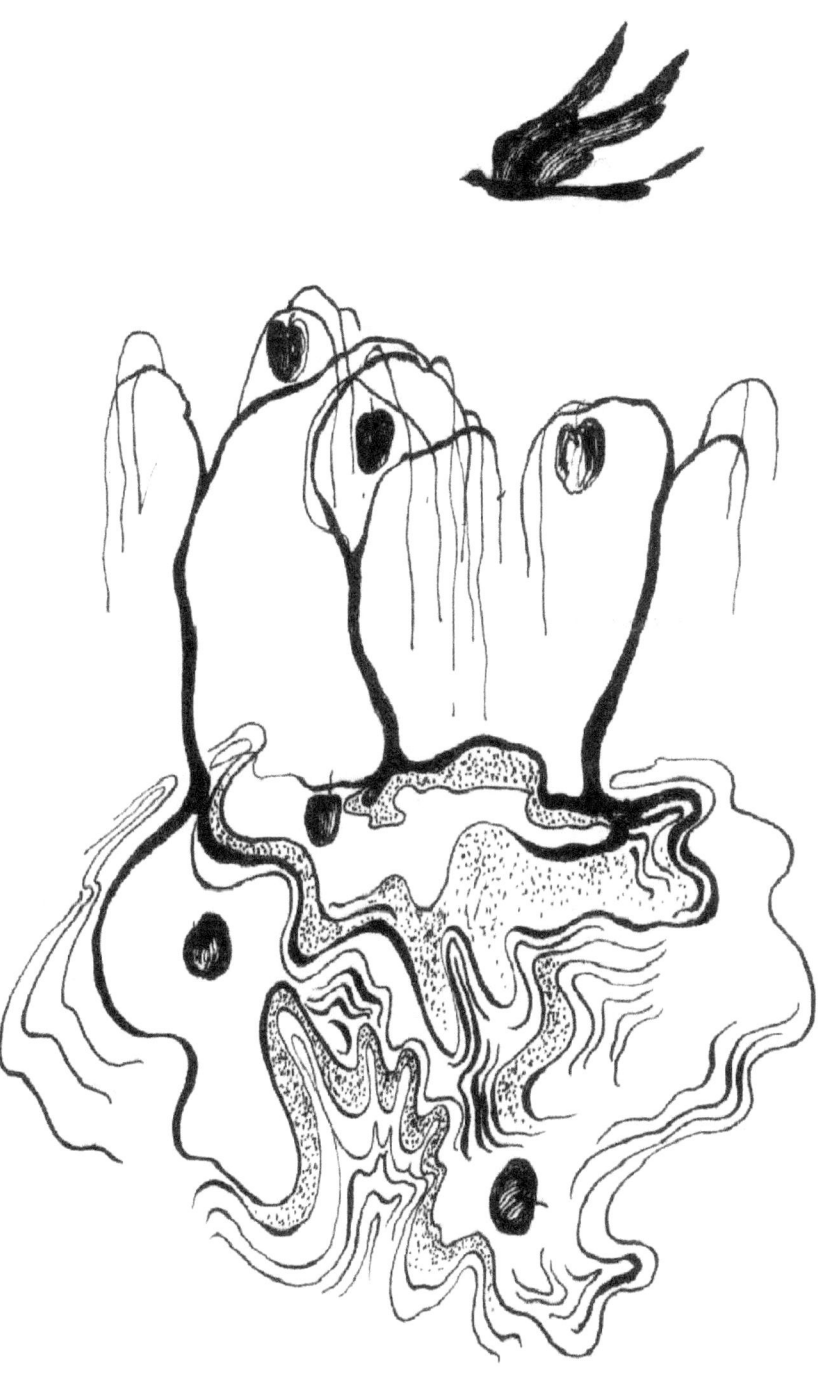

И мы, постигши целый свет,
В своем окошке бедном,
Себе сготовивши обед,
С лицом садимся медным
От боли и занозы,
От тени и Спинозы,
От мира - не такого
И жизни - от озноба,
Сидим мы за столом
И притворились телом,
И будто не о том,
И будто бы не в белом

Свете мы
Среди тьмы
Тише
Тише
Тише...

·····

Выключите свет,
Уберите тени,
Накиньте ветхий плед
На свежие растения,

Потом его снимите
И чуду удивитесь:
Добро мне неведомо,
Зло мне невидимо.

·····

Нет ничего "на самом деле",
Мне птицы райские так пели.
Не спрашивай и все узнаешь.

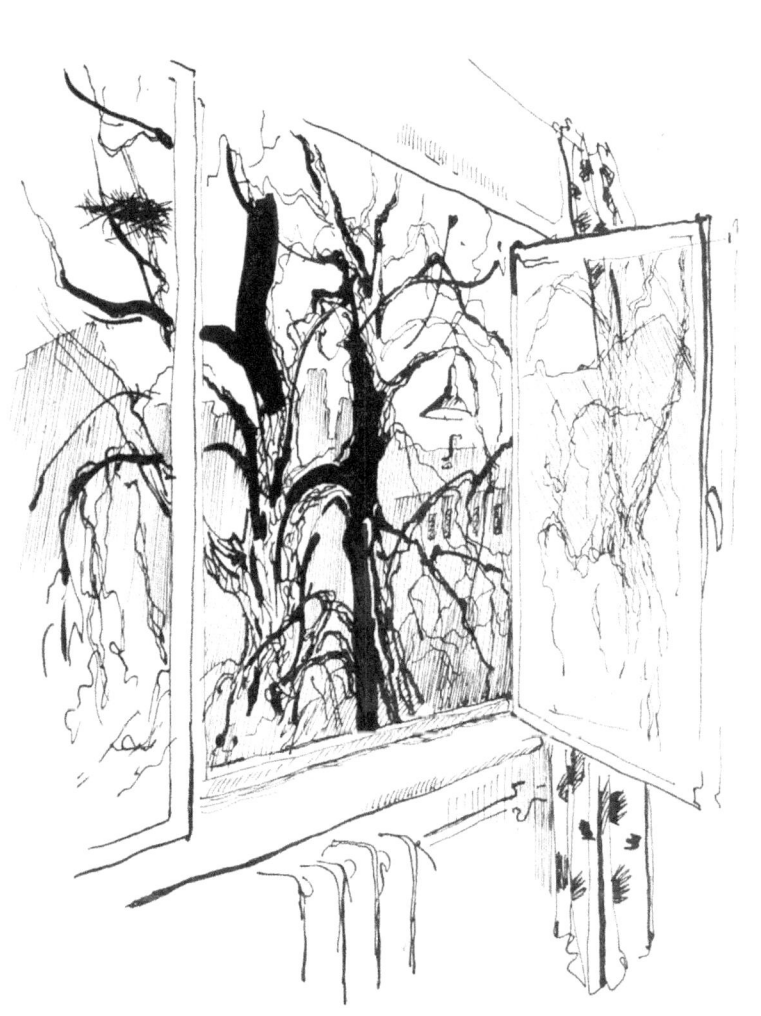

Н...

В Коктебеле,
В колыбели,
Где белым-бело
Плескалось море,
Пело горе,
И где чайки улетели на Неву,
Ты ходила по руинам,
Вспоминала Воскресенье
И садилась на траву.
И была ты невидима,
И летали херувимы,
И ты знала обо всем,
И молилась со слезами
На глазах своих волшебных.
Только Солнце тихо грело,
Только Солнце ярче было,
Только Солнце тебе пело,
Только море тебе мило.
Проходила вечно мимо
И крылом своим беспечным
Задевала бесконечность,
Целовала только Вечность
Ты.

А из моря отраженье,
Чтоб тебя убить, вставало
И глазами призывало
К тебе дух опроверженья,
Но его ты полюбила,
Но его поцеловала,
И несчастье пусто было
И его казалось мало.
И Нарцисс стоял влюбленный
И его ты полюбила,
И любовью умерщвленный

Он вернулся отраженьем
Сам своим опроверженьем.

А от камешков волшебных,
Что рука твоя собрала,
Пало много духов медных,
А тебе казалось мало,
Ты тогда кричала "мама!",
А тебя никто не слышал,
Немота тебя душила,
Немота тебя тушила.

Как умела, так жила,
Что могла, то отдала!

Вдохновение

Ты пришло ниоткуда
И уйдешь в никуда:
Так является чудо,
Так приходит беда,

Так рождается счастье,
Чтобы вновь умереть
И быть пожранным страстью
И любовью гореть.
.....
Когда приходят к нам пророки
И говорят простые вещи,
Они смертельно одиноки,
Их жизнь ломает, мнет и хлещет.

Вокруг них крики, смех и гомон:
"Мы это знали все давно,
Нам слаще пьяная истома,
Чем вашей трезвости вино!"

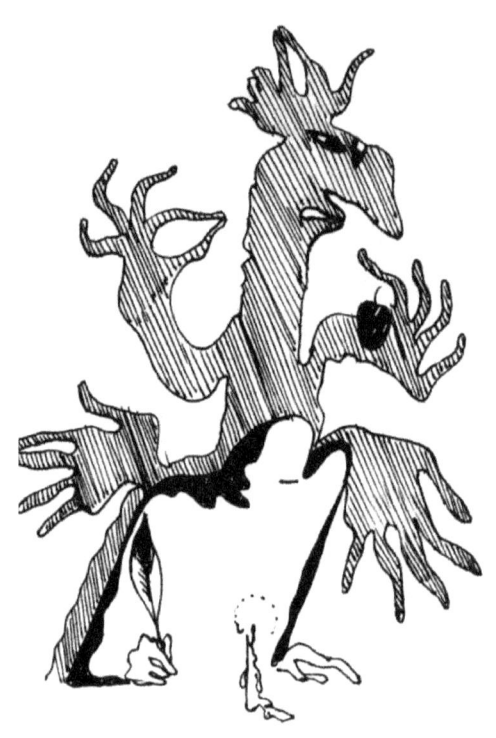

.....
На пир одиноких
Друзей позови -
В бокалах глубоких
Вино любви.

От шума любого
Беги к дверям,
Но снова и снова
Пусто там.

Сходи с подъезда -
В руке фонарь,
Дорога в бездну
Уже январь.

.....
Умиротворенной тишиной
Живут высокие сады,
Войдешь и тотчас же с тобой
Беседует струя воды.

О чем поет, куда зовет,
К чему влечет ее журчанье,
И отражает говор вод
Небес прозрачное молчанье.

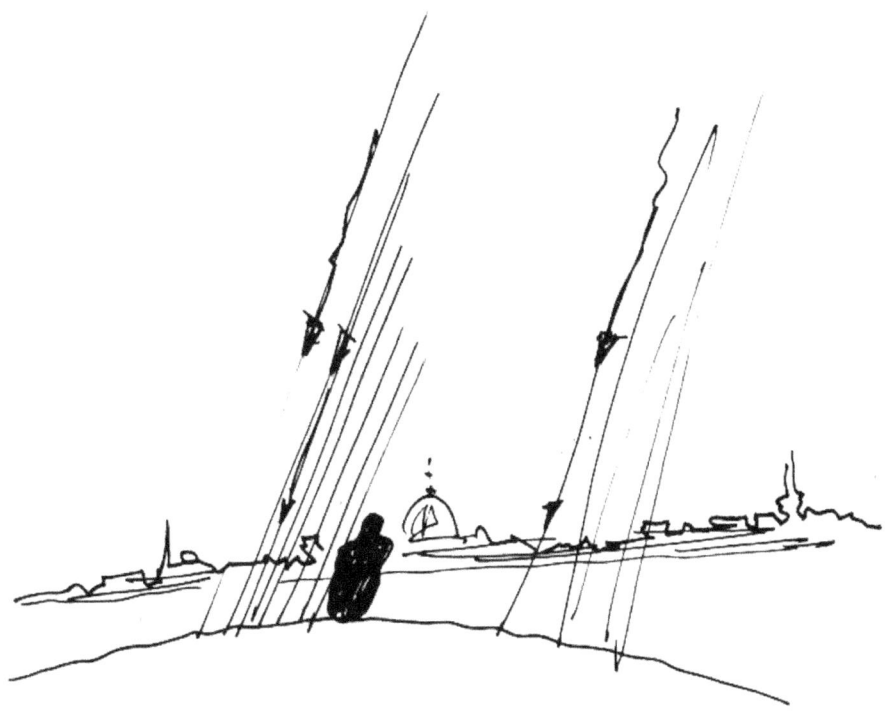